전문경영인이 되는 길,
전문경영인으로 사는 길

전문경영인 선배가 전하는 냉철하고 따뜻한 조언서

전문경영인이 되는 길, 전문경영인으로 사는 길

김준희 지음

블루페가수스

전문경영인이 되는 길,
전문경영인으로 사는 길

초판 1쇄 발행 2018년 10월 18일
2쇄 발행 2020년 10월 30일

지은이 김준희
펴낸이 조자경
펴낸곳 도서출판 블루페가수스

책임편집 최서윤
디자인 이하나
본문 그림 김준희
마케팅 천정한

출판등록 2017년 11월 23일(제2017-000140호)
주소 07327 서울시 영등포구 여의나루로71 동화빌딩 1607호
전화 02)780-1222 **주문팩스** 02)6008-5346 **이메일** hanna126@hanmail.net

ⓒ 2018 김준희

ISBN 979-11-962853-8-8 03320

• 책값은 뒤표지에 있습니다.
• 잘못된 책이나 파손된 책은 구입하신 서점에서 바꾸어드립니다.

차례

짐 콜린스

31.8×40.9(cm) 캔버스 유화

짐 콜린스(1958~   )

짐 콜린스는 비유의 달인이다. 《성공하는 기업의 8가지 습관 Built to Last》에서 그는 해나 별을 쳐다보고 정확한 시각을 말하는 능력도 놀라운 것이지만 그 사람이 죽은 뒤에라도 시각을 알려줄 수 있는 시계를 만들 수 있다면 그것은 더 놀라운 일이라고 말한다. 대단한 사업 아이디어, 카리스마 있는 리더가 '시각 말해주기'이고 이런 것과 관계없이 지속할 수 있는 기업을 만드는 것이 '시계 만들기'라는 것이다.

《좋은 기업을 넘어 위대한 기업으로 Good to Great》에서 감탄한 비유는 '창문과 거울'의 비유이다. 최고 수준의 리더는 일이 잘 되었을 때 창문을 보고 실패했을 때 거울을 본다고 한다. 성공의 원인을 다른 사람이나 사건 등에서 찾고 실패의 원인을 자신에게서 찾는다는 의미다. 대조적인 리더는 이와 반대로 한다. '잘된 것은 내 덕분, 잘못된 것은 조상 탓'을 한다.

짐 콜린스는 "병의 초기에는 병을 발견하기가 어렵지만 치료는 쉽다. 반대로 병이 한참 진행되면 병의 진단은 어렵지 않은데 치료하기가 어려워진다"라고 하였다. 기업을 몰락하게 하는 요인도 마찬가지라고 한다. 몰락의 조짐은 자만심 때문에 발견하기가 어렵고, 위기라는 걸 확실히 깨달으면 이미 늦은 경우가 대부분이라는 그의 충고는 경영자라면 가슴에 꼭 새겨두어야 할 것이다.

경영의 숲을 헤쳐 나가려는
이들에게

"김 전무가 웅진출판 대표를 맡아주어야겠어요. 김 전무는 아이디어도 있고 정직하기도 하니까 잘하리라 믿어요."

갑작스러운 회장님의 호출, 그리고 대표이사 임명 통보. 웅진출판은 웅진그룹의 모기업이다. 얼떨떨했다. 얼마 전까지 나는 에듀빅닷컴이라는 인터넷 기반의 교육기업을 자그마하게 시작하여 새로운 시장을 만들어보려다 여의치 않아 2년 만에 철수하고, 모기업으로 복귀한 상태였다. 같이 일하던 직원들을 모기업이 받아준 것만 해도 솔직히 감사한 마음이었다. 직원들 거취만 마무리되면 웅진을 떠나서 새로운 일거리를 찾아야겠다고 마음먹고 있었다. 그런데 그룹 모기업 대표이사라니… 회장님은 통 크게도 회사 하나를 말아먹은 사람에게 중책을 맡겼다. 이것이 전문경영인으로서 나의 본격적 출발이다.

전문경영인이 되어보니 밖에서 보던 것과는 많은 것이 달랐다. 비유하자면 밖에서 보는 대표이사는 관광 비자로 하와이에 놀러간 관광객의 모습이라면, 실제 대표이사의 업무는 이민 비자로 하와이에 가서 작은 호텔의 지배인으로 일하는 것과 비슷하다. 막상 대표이사가 되고 보니 많은 것을 안다고 생각했는데 실제로 결정해야 하는 일 중에는 확신이 가는 것이 많지 않았다. 대표이사가 결정해야 하는 것들 중 많은 것은 전례가 없는 일이다. 전례가 있는 쉬운 일은 대표이사에게 가져오지 않는다. 현업부서에서 다 알아서 처리하기 때문이다. 불확실한 일, 누군가 확실히 책임져야 하는 일, 잘못되면 원망을 들을 수밖에 없는 일이 대표이사의 몫이다.

대표이사도 회장에게 들고 가면 되지 않겠느냐고 묻는 사람들도 있을 것이다. 물론 어떤 사안은 들고 가지만 그 또한 이미 나름대로 결론을 갖고 있어야 한다. 자기 판단 없이 회장께 "어찌 하오리까"를 묻는 것은 쫓겨날 짓이다. 통찰력이 절실히 필요했다.

경영의 숲을 이루는 네 가지 키워드

구구단을 제대로 못 외워서 손가락셈하듯이 몇 년 동안 대표이사 일을 해보니, 대표이사에게는 부분적인 지식 외에 전체를 조망하는 능력이 필요하다는 것을 절감했다. 부문 책임자로 일하는 것이 나무 하나하나를 보는 것이라면 대표이사로 일하는 것은 숲 전체를 보는 것과 같다. 연구개발, 생산, 유통, 재무, 인사, 홍보 등이 나무라면 그 모든 것이 어우러져 상호작용을 하는 실체가 경영이라는 숲이다.

경영이라는 숲은 네 개의 키워드로 조망할 수 있다. 생존, 고객, 경쟁, 인재가 그것이다.

첫째, '생존'은 경영을 책임지게 된 사람이 느끼는 부담이다. '우물쭈물하다가 망하는 것 아닌가?' 하는 불안감을 느끼는 것은 크든 작든 모든 경영자의 숙명이다. 잘했다는 소리는 듣지 못하더라도 누구 때문에 망했다는 소리는 듣지 말아야겠다는 각오가 경영자에게는 가득하다.

어느 기업이 죽을지 살지를 진단할 수 있는 잣대가 있다. 그것은 '생존부등식'이다. 어떤 기업이라도 이 생존부등식을 만족시키지 못 하면 조만간 죽게 된다. 경영자의 역할은 기업을 생존부등식에 맞도록 만드는 것이라고 정의할 수 있다.

둘째 키워드는 '고객'이다. 기업의 생존은 '고객' 손에 달려 있다. 이 말은 대부분의 사람들에게는 그저 그런 평범한 말이겠지만 경영자에게는 예사롭지 않은 말이다. 그런데 고객님은 변덕스럽다. 조금만 소홀히 하면 금방 다른 집으로 가버린다. 예전과 같이 해드려도 만족하지 못 하신다.

기업 경영은 궁극적으로 고객님 가슴에 우리 기업의 존재를 각인시키는 활동이다. 괜찮은 회사, '갑질'하지 않는 회사, 의미 있는 활동을 하는 회사, 고객을 부끄럽게 만들지 않는 회사 등등. 이렇게 해야만 기업의 생존이 가능하다.

셋째 키워드는 '경쟁'이다. 나만 잘한다고 고객님이 우리 기업을 사랑해주는 게 아니다. 우리 기업 말고도 고객님 마음을 사로잡으려는 기업들이 천지에 널려 있다. 이들과 경쟁해서 이겨야 고객님을 붙잡을 수 있다.

경쟁에서 이기는 방법은 간단하다. 우리 제품과 서비스를 싸게 제공하거나 아니면 좀 비싸더라도 독특하게 제공하는 것이다. 말은 쉬운데 실제로는 아주 복잡하고 힘이 든다. 어중간해서 이것도 저것도 아닌 경우가 허다하다. 어느 길을 선택할 것인가는 오롯이 경영자의 몫이다. 선택을 했으면 결과를 내야 한다. 그에 대한 책임도 마지막에는 경영자의 몫이다.

네 번째 키워드는 '인재'이다. 경영자는 혼자서 일하지 않는다. 누군가 나 대신, 나처럼 시장에서 '경쟁'해줄 '인재'가 필요하다.

천리마 같은 인재를 구하면 좋겠지만 그런 인재를 구하지 못했다고 해서 경영을 그만둘 수는 없다. 평범한 사람들도 잘 훈련하고 조직하면 천리마가 된 것 같은 결과를 만들 수 있다. 탁월한 인재를 뽑는 것 못지않게 인재를 양성해서 운영하는 것 역시 경영자가 해야 할 일이다.

경쟁에서 경영자의 분신으로 싸워줄 사람을 어떻게 확보하고 역할을 분담시킬 것인가는 다른 이에게 그냥 맡겨둘 일이 아니다. 세계적인 경영자들이 자기 시간의 절반 이상을 인재 확보와 육성에 투입하고 있다는 것도 인재 경영의 중요성을 잘 말해주고 있다.

경영자는 경영이라는 숲에서 '생존, 고객, 경쟁, 인재'라는 키워드를 가지고 연구·개발, 생산·제조, 유통과 마케팅, 관리 업무를 종횡으로 직조해가는 사람이다. 나는 이것을 전문경영인으로 일한 지 한참 뒤에야 깨달았다. 이 원리를 진작부터 알았다면 좀더 경영을 잘할 수 있지 않았을까 하는 아쉬움이 지금도 남아 있다.

물론 이런 깨달음이 있다고 해서 저절로 성과가 나오는 것은 아니다. 생존, 고객, 경쟁, 인재에 대한 통찰을 함께 일하는 사람들과 나누고 실행에 옮겨야 비로소 결과가 나온다.

실패를 두려워하지 않는 도전이 성공의 길이라고 한다. 이는 다른 시각으로 보자면 실패를 하더라도 다시 도전할 힘을 어떻게 확보할 수 있는가의 문제이다. 소통과 실행에도 경영자가 넘어야 할 산들이 많다.

전문경영인으로 산다는 것

이 책을 출간하는 블루페가수스의 조자경 대표와는 그가 십여 년 전 웅진씽크빅 단행본 사업본부 리더스북 임프린트의 기획홍보 책임자로 일할 때 처음 만났다. 마케팅 활동을 지원하려고 같이 차를 타고 이동하던 중 내가 했던 말이 기억난다며, 조 대표가 들려준 이야기다. 지금 생각해봐도 별로 첨삭할 것이 없을 만큼, 전문경영인이 어떤 책임감을 갖고 권한을 행사해야 하는가를 잘 표현한 것 같다.

"전문경영인을 비롯한 책임자는 회사에서 칼을 쥐어준 것과 같습니다. 그 칼은 양날의 검입니다. 칼집에서 꺼내는 것부터가 책임의 시작입니다. 망설임 없이 칼집에서 칼을 꺼내서 마구잡이로 휘둘러대는 이가 있는가 하면, 아예 칼집에서 칼조차 꺼내지 못하는 우유부단한 이들도 있습니다. 칼을 잘 쓰면 멋지게 회를 치고 맛난 고기를 잘라내어 발골하는 장인이 될 수 있습니다만, 그렇지 못할 경우 칼은 무수히 많은 이들의 마음을 베기도 하고 조직을 위험에 빠뜨리기도 합니다."

논리학에서는 개념을 정할 때 '정의 대상＝유개념類槪念＋종차種差'라는 방법을 쓴다. '사람은 생각하는 동물'이라고 정의한다면 '동물'은 유개념이고 '생각하는'이 다른 동물과 사람의 차이 즉, 종차이다.

전문경영인을 어떻게 정의할 수 있을까? 유개념은 물론 '경영자'이다. 경영의 숲을 생존, 고객, 경쟁, 인재라는 키워드로 살펴보는 것과 그렇게 해서 얻은 통찰력을 나누고 실행에 옮기는 것은 창업경영자든 전문경영인이든 2세 경영자든 경영자라면 누구나 감당해야 할 일이다.

그렇다면 전문경영인이라는 개념의 종차, '전문專門'에는 어떤 것이 담겨 있을까? '전문적 식견을 갖춘' 사람이라는 뜻도 있을 것이고 '고용된' 사람이라는 뜻도 있을 것이다. 어느 쪽 비중이 큰가에 따라 역할과 대접이 많이 달라지리라는 것은 쉽게 짐작할 수 있다. 이 책에 전문경영인 되기 위해 갖추어야 할 것, 전문경영인으로서 고객인 회장님과 조화를 이루는 것에 대해 간간이 생각해왔던 것을 정리해보았다.

경영하면서 부딪히는 문제에 정답이 있는지 모르겠다. 설령 있다고 할지라도 내가 경험하고 푼 것이 정답인지 그 또한 잘 모르겠다. 각자가 처한 여건이 다르기 때문에 많은 사람이 만족할 만한 방향을 제시하기에는 나의 능력이 부족하다는 것을 고백하지 않을 수 없다. 다만 여러 원론적 주제에 대해 전문경영인으로서 나름대로 대응하려고 노력했던 흔적을 기록한 것은, 혹시 전문경영인의 길을 가게 될 누군가에게 조금이나마 시사점을 주어 도움이 되었으면 좋겠다는 바람 때문이다.

각자에게 필요한 경영의 지혜는 타인의 사례 속에서 자기에게 필요한 에센스를 뽑아내서 만들 수밖에 없다. 그리고 그것은 결국 경영의 숲을 헤쳐 나가는 각자의 몫일 수밖에 없다는 것이 나의 결론이다.

각 장의 시작을 나에게 경영에 대해 눈을 뜨게 해준 분들의 인물화와 내가 그 분들로부터 대표적으로 배운 것을 소개하면서 열었다. 그림 그리기는 경영 일선에서 한걸음 물러나면서부터 시작한 취미인데, 이렇게 고마운 마음을 표현하는 데 쓰이게 돼서 기쁘다. 선생님들의 겉모습뿐만 아니라 지혜까지 그려낼 수 있었으면 더 좋았을 텐데 하는 아쉬움은 남아 있다.

피터 드러커
40.9×53.0(cm) 캔버스 유화

1장

전문경영인이
되는 길

피터 드러커(1909~2005)

경영학의 아버지라 불리는 피터 드러커의 방대한 저작물 중에서 내가 가장 도움을 받은 글은 2004년 6월호 〈하버드 비즈니스 리뷰〉에 실린 'What Makes an Effective Executive'이다. 이 글은 2009년 능률교육 대표가 되면서 CEO로서 내가 해야 할 일을 점검하는 체크리스트가 되었다. 그는 일 잘하는 임원들은 다음 여덟 가지 덕목을 실천한다고 말한다.

- 그들은 "무엇을 해야 하는가"라고 묻는다
- 그들은 "무엇이 기업을 위한 것인가"라고 묻는다
- 그들은 활동 계획표를 만든다(실천한다)
- 그들은 기꺼이 책임을 떠맡고 결정을 내린다
- 그들은 효과적인 커뮤니케이션 구조를 마련한다
- 그들은 문제보다 기회에 집중한다
- 그들은 생산적인 미팅 시스템을 구축한다
- 그들은 항상 '우리'라고 말하고 생각한다

CEO인 내게 주어진 시간은 직관적으로 대략 1년 6개월이라고 판단했다. 그 안에 목표 우선순위를 정하고, 활동 계획표를 만들고 실천에 옮겨 가시적인 변화를 일으켜야만 내외로부터 신뢰를 얻을 수 있다. 아쉽게도 변화의 방향을 구체적이고 설득력 있게 제시하지 못하여 좋은 성과를 거두지 못했다고 자평한다.

통찰력
기르기

·

·

·

사장님께서 찾으신다는 비서실의 연락을 받고 사장실 문을 두드
렸다. 자리에 앉자마자 사장님이 말씀을 꺼냈다.

"우리 회사가 커져서 그런가… 일이 잘 돼도 칭찬할 곳이 분명
치 않고 일이 잘못 돼도 나무랄 곳이 마땅치가 않아서…."

"혹시 이런 말씀을 하시려고 부르신 것인지요?"

말씀이 채 끝나기 전에 나는 편지처럼 접은 종이 한 장을 안쪽 주
머니에서 꺼내 보여드렸다. 며칠 전, 정말 우연히 나도 사장님과 같
은 생각을 했었다. 그래서 이런 문제를 어떻게 풀면 좋을까 궁리
하다가 A4 종이에 나름대로 구상을 그려보았다. 그냥 버리기 뭐해
서 대충 접어 안쪽 주머니에 넣어두었는데, 마침 사장님이 이 말씀
을 꺼내신 것이다.

기회인지 알 수 없는 기회

　당시 나는 편집개발부장으로 웅진출판사의 콘텐츠 개발 업무를 담당하고 있었다. 회사의 살림이나 조직의 구조 등은 나의 업무도 주된 관심사도 아니었다. 다만 내가 보기에 회사의 모든 부서가 일렬횡대로 늘어선 모양이어서 책임 소재가 불분명한 일이 많았다. 지원부서와 현업부서의 협조도 원활하지 않은 경우가 종종 있어서 불편한 점도 많았다. 이런 문제들을 어떻게 하면 해결할 수 있나 생각하며 종이에 끄적거린 것이었다. 한데 그걸 사장님께 보여드리게 될 줄이야.

　내가 복사용지에다 그린 그림의 요체는 '사업부제'였다. 일렬로 늘어선 부서를 사업 단위로 묶어서 본부장 지휘 아래 권한을 갖고 일하게 하고, 결과에 대해서 책임을 지는 조직으로 만든다. 그리고 총무, 재무, 전산, 제작, 물류 등의 지원부서는 경영지원본부로 묶는다. 그러면 회사가 좀더 활기차게 움직일 것 같다는 생각을 했고 그걸 그림으로 그려보았던 것이다. 내 설명을 들은 사장님은 흔쾌히 수락했다.

　"오케이. 그런 방향으로 안을 만들되 그 방침 안에서 대조적인 두 개의 안을 만들어 갖고 오시오. 다른 사람과 상의하지는 말고 혼자서 하시오."

　회사에서 서류 작업을 할 수 없어서 집에서 서툰 솜씨로 작업했다. 편집개발 조직을 각 사업본부에 나누어 배치시키는 방안과 편집개발본부로 통합해 유지하는 방안 두 가지로 만들었다. 사장님은 회장님과 상의하신 후 곧 회사 구조를 사업본부제로 개편했다.

돌이켜보면 내가 전문경영인이 되는데 이 일이 꽤 큰 영향을 미쳤던 것 같다. 직접적인 계기는 아니었을지라도, 전체를 조망하며 큰 그림을 그려보는 아랫사람의 자세가 윗사람에게 좋은 인상을 주었음이 분명하다. 윗사람에게 깊은 인상을 주고 싶다는 생각에 의도적으로 노력해서 되는 일은 아니라고 생각한다. 그보다는 평소에 한 차원 높게 문제를 보려고 하는 자세를 지니고 일하는 것이 필요하다. 그런 자세는 의도하지 않아도 은연중 드러나서 자기도 모르는 사이에 기회를 얻게 되는 것이 세상 이치인지도 모르겠다.

높이서 멀리 내다보는 독수리 같은 시야

실력 있다는 평을 받기 위해서는 내가 담당하고 있는 업무를 잘 감당하는 것이 무엇보다 중요하다. 그러기 위해서는 내 영역 안에서 최선을 다하는 것만으로는 부족하다. 나무가 아니라 숲을 보는 힘, 즉 더 높은 위치에서 전체를 조망하며 앞으로 나아갈 길을 살필 줄 알아야 한다. 독수리처럼 높은 위치에서 내려다보는 너른 시야를 가져야 전문경영인이 되어서도 그 책임을 잘 감당할 수 있다.

시간이 흘러 되돌아보니 더 큰 시각에서 문제를 바라보고 해결책을 찾아보는 습관은 알게 모르게 실력을 키우는 계기가 되었다. 눈앞에 닥친 일이 버겁고 바쁘다는 이유로 현안을 처리하는 데만 급급하지 말자. 높이 올라가 멀리 내다보는 일을 소홀히 하면 절대 큰 그림을 그릴 수 없다. 아마도 이런 것들이 누적되어 나의 힘으로 응집되었고, 그것을 대주주가 포착한 것이 아닐까 싶다.

전문경영인은 리더leader이고, 리더는 리드lead하는 사람이다. 리드한다는 것은 필연적으로 방향성을 내포한다. 따라서 리더는 어느 방향으로, 왜 가야 하는지를 결정하고 책임지는 사람이다. 자신 있게 방향을 결정하려면 일 전체의 모습을 파악하는 것이 전제되어야 한다. 전모를 파악할 수 있는 능력이 통찰력이다. 통찰력이 없는 리더의 모습은 상상하는 것조차 끔찍하다.

여러 해 전에 방영되었던 광고인데, 제품 이름은 가물가물하지만 장면은 아직도 생생하게 기억난다.

조형기 씨가 나폴레옹으로 분장하고 '돌격 앞으로'를 외친다. 그러곤 산봉우리에 올라가서 이렇게 내뱉는다.

"여기가 아닌가벼."

산을 내려와 다른 산봉우리로 천신만고 끝에 올라갔는데 또다시 갸우뚱하면서 하는 말.

"아까 거긴가벼."

유머러스하게 각색한 광고지만, 현실에서 일어나는 일과 결코 무관하지 않다. 혹시 전문경영인이라는 내가 그러고 있는 것은 아닌지 생각해보면 섬뜩하다. 그래서는 안 되는 일이지만, 모든 게 불확실한 현실 속에서 나의 판단이 옳다는 확신이 들지 않는 일이 어디 한두 가지인가. 그래서 제대로 된 통찰력이 더욱 절실하다.

독서, 통찰력을 기르는 가성비 좋은 방법

통찰력을 기르고 채우는 방법은 여러 가지다. 강연을 듣는 것, 전문가의 의견을 듣는 것, 책을 읽는 것, 컨설팅 회사에게 물어보는 것 등등. 그중에서 내가 가장 효과를 본 것은 독서이다. 독서는 통찰력을 기르는 데 있어 가성비 좋은 방법이다.

책을 읽고 책장을 덮어버리는 걸로 끝내면 내 안에 남지 않고 금세 휘발돼버린다. 그래서 나는 책을 읽은 것에 만족하지 않고 책이 다루고 있는 주제와 저자가 말하고자 하는 것, 즉 저자의 인사이트를 요약하는 방식을 취했다. 독서의 가성비를 더욱 높이는 방법인데, 나름대로 꽤 효과를 보았다.

변화를 이끄는 세 가지 방법을 배우다

칩 히스, 댄 히스 형제가 지은 《스위치Switch》라는 책을 예로 들어 보자. 이 책은 변화를 쉽게 이끌어내기 위해 기수, 코끼리, 지도(길) 의 세 요소를 어떻게 다루어야 하는지를 설명하고 있다.

- **기수** : 인간의 이성적 측면을 상징하는 기수는 영리하기는 하지만 끈기 가 없다. 따라서 기수에게는 헷갈리지 않게 명확한 방향을 제시하는 것 이 중요하다.

- **코끼리** : 인간의 감성적 측면을 상징하는 코끼리는 힘이 세지만 변화 를 극도로 싫어한다. 변화의 폭을 줄여줘서 지레 겁먹지 않도록 하 는 게 중요하다. 또 왜 이러한 변화가 필요한지, 의미를 깨닫게 해주면 의 외로 코끼리가 협조해서 성공할 가능성이 커진다.

- 지도 : 마지막으로 지도(길)를 구체화할 필요가 있다. 변화에 성공하려 면 유리한 여건을 조성해야 한다는 것이다. 다이어트에 성공하려면 의 지도 중요하지만 먼저 밥그릇의 크기를 줄여야 한다는 것이, 그 예라 고 할 수 있다.

이런 식으로 책 내용을 체계적으로 요약해두면 나중에 변화의 추 진자가 되었을 때 책에서 얻은 인사이트를 써먹을 수 있는 가능성 이 아주 커진다.

사장이 걸어가야 할 길을 엿보다

《사장의 길》은 기자였던 서광원 씨가 기자로서 여러 CEO를 인터뷰한 내용과 자신이 사업을 꾸려가면서 겪었던 것을 바탕으로 사장이 걸어야 할 길을 다음과 같이 제시한다.

1 사장의 길은 외롭더라도 혼자 가는 길이다. 남의 이야기를 듣더라도 최종 결정은 본인이 내려야 하며 그 결과에 대해 오롯이 책임져야 하는 외로운 길이다.

2 사장은 혼자 일하는 게 아니다. 직원들 일하는 게 마음에 들지 않는다고 모든 일에 사장이 나서면 회사가 클 수 없다. 그러니 어렵더라도 직원을 다독이면서 함께 가야 한다.

3 사장은 방향을 제시해야 하는데 현실은 불확실하다. 가만히 앉아 있으면 굶어 죽고, 섣부르게 나서면 얼어 죽을 형국에서 무언가 결정을 내려야만 한다. 그렇기에 두렵더라도 불확실성과 싸워나가야 하는 존재가 사장이라는 것을 저자는 말하고 있다.

이런 큰 줄거리와 핵심 전략들을 머릿속에 넣어두면 문제에 부딪혔을 때 해결의 열쇠가 되어준다. 외로움을 견뎌야 하는 것인지, 일하는 직원을 다독거려야 하는 것인지, 불확실한 상황일지라도 용기를 내야 하는 것인지. 어떤 상황인지를 파악하는 것만으로도 고민의 방향을 압축할 수 있어 유용하다. 문제에 부딪혔을 때 상황을 적절하게 분류할 줄 알게 되면 집중할 것과 버려야 할 것을 구분해서 대처할 수 있다. 그래서 통찰력을 기르는 방법으로 '읽고 큰 줄거리를 요약해두는 독서법'을 추천하는 것이다.

위대한 기업의 조건을 실전에 도입하다

짐 콜린스의 저서 《위대한 기업을 위한 경영전략Beyond Entrepreneurship》을 읽고는 신년 사업계획서 작성과 보고에 아주 큰 인사이트를 얻었던 경험이 있다. 신년 사업계획은 중요한 일이기는 하지만 그 구성과 내용은 해마다 회사마다 대동소이하며, 자칫 보고하는 자리가 지루해지기 십상이다. 애써 사업계획서를 만들어 보고까지 마친 뒤 활용되지 않고 구석에 처박히는 것도 보았다. 매년 신년 사업계획서를 작성하고 보고하면서 그 점이 항상 마음에 걸렸다.

그러던 중 짐 콜린스의 《위대한 기업을 위한 경영전략》 서문에서 위대한 기업의 조건으로 네 가지 요소를 들고 있는 것이 눈에 들어왔다. 마침 나도 그 당시 회사의 비전을 '모두가 본받고 싶어하고 자랑스럽게 생각하는 Great Company'로 내세웠기 때문이다. 짐 콜린스가 정리한 위대한 기업에 대한 개념은 내가 고민 중이던 기업 비전의 불확실한 부분을 명확하게 밝혀주는 등불 구실을 해주었다. 그리고 그 개념을 중심으로 회사가 추진해야 할 일을 정리했다.

짐 콜린스는 위대한 기업의 조건을 다음과 같이 제시한다.

1 성과performance가 있어야 한다.

2 업계 발전을 위해 영향력impact을 행사할 수 있는 실력이 있어야 한다.

3 외부자로부터 좋은 평판reputation을 받아야 한다.

4 수십 년 넘게 건전함을 지속longevity할 수 있는 힘을 지녀야 한다.

종전의 사업 보고서 형식을 버리고 이 네 개의 키워드를 가지고 새로운 형식의 사업계획서를 작성해 보고하기로 마음먹었다.

먼저 사업 보고서에서 성과는 '실적+희망'으로 정의했다. 실적 항목에는 주요 사업 분야에서 이익률을 향상시키겠다는 계획을 담았다. 도토리가 여러 번 굴러도 호박이 한 번 구르는 것과는 비교가 안 되는 법이다. 덩치가 큰 사업 본부의 이익률이 1퍼센트만 향상되더라도 그 금액은 상당하다. 미래를 위해 이 돈을 투자하면 희망이 생긴다. 희망은 회사의 장래 성장 가능성이다. 일부 손실이 발생하더라도 될성부른 신규 사업 분야의 규모를 빠르게 확장하는 것이 관건이다. 이를 중심 내용으로 사업계획을 편성했다.

영향력 있는 회사가 되기 위해서는 매출 규모가 큰 것만으로는 부족하다. 출판의 꽃은 단행본 출판이다. 이를 선도할 수 있어야 출판계에 영향력 있는 회사가 된다. 책을 보는 눈은 뛰어나지만 영업이나 관리 등은 다소 미흡한 개발자가 뜻을 펼칠 수 있게 하는 제도로 '단행본 임프린트 사업부제'를 시도했으며, 성공적으로 정착시키는 방안을 제시했다.

좋은 평판을 유지하기 위해서는 '바른 교육 큰사람' 라디오 캠페인을 통해 회사가 교육 철학이 있으며 공익적 가치를 소중히 한다는 것을 보여주고자 했다.

지속성을 갖추기 위해서는 효율적인 시스템을 구축해야 하고 인재들을 제대로 기를 수 있어야 한다. 이를 위해 추진하고 있는 ERP 정착을 비롯한 전산화 계획과 직원들 교육 연수 계획을 지속성 항목에 담아 보고하였다. 이렇게 함으로써 사업부서가 아닌 지원부서 업무가 무엇을 목표로 하는 것인지를 분명하게 했다.

신년 사업 보고를 한 결과는 대성공이었다. 듣는 이들의 반응이 좋았다. 그뿐 아니라 보고서를 작성한 책임자들 역시 새해에 무엇을 해야 할지, 할 일이 간결하고 명확해지니 도움이 되었다. 보고를 위한 보고회가 아니라 기업의 체질 개선에 도움이 되는 실제적인 보고회였다.

좋은 책에는 전체를 꿰뚫을 수 있는 통찰과 큰 그림 속에서 각각의 위치를 알 수 있는 '격자 틀(프레임)'이 담겨 있다. 그것을 적극적으로 찾아서 자기 것으로 만들면 통찰력, 즉 전체를 보고 핵심을 간파하는 눈이 길러진다.

글을 읽을 때는 무엇보다 맥락을 파악하는 것이 중요하다. 책을 읽고 난 후 목차를 보면서 각 목차별로 무슨 내용이 있었는지 정리하는 습관을 들이는 것을 추천한다. 그리고 책에서 추출한 핵심 전략과 메시지들을 필요할 때마다 실전에 적용해보라. 그렇게 책에서 제시하는 프레임을 적용해 당면한 문제를 분류하고 해결책을 구상해보면, 문제에 막연히 접근했을 때하고는 비교할 수 없을 정도로 효과적이다.

통찰력을 얻는 재료인 책은 넓은 의미로는 '앞선 세대의 지혜'를 일컫는다. 종교에서 가르치는 지혜도 얼마든지 회사 일에 적용하여 통찰하는 데 쓰일 수 있다.

불교에서는 삶이 우리의 탐貪·진瞋·치痴 때문에 괴로운 것이라고 하였다. 이를 업무와 관련지어 생각해보자.

일과 관련된 괴로움이 있다면 그 원인이 나의 탐욕 때문은 아닌지 살펴볼 일이다. 탐욕은 심지 않고 거두려는 것이다. 적게 심고 많이 거두려는 마음이다. 예를 들어 입찰에 응할 경우 다 낙찰받아야 한다고 생각하면 그건 탐貪이다.

진瞋은 성냄이다. 누구에게 화를 내는가? 사람에게 화를 낸다. 사물에게 화를 내지 않는다. 왜 화를 내는가? 내 뜻대로 상대가 움직여주지 않았기 때문이다. 상대가 내 뜻대로 움직이는 게 당연한 것인가? 나는 항상 옳은가? 그렇지 않다. 바꿀 수 없는 동료와 상사를 바꾸려고 하다가 분을 삭이지 못하고 스스로를 괴롭히는 일이 얼마나 많은가?

어리석어서 고통을 당한다. 콩 심은 데서 팥을 기대하는 것은 어리석은 일이다. 내 것이라고 할 것이 없는데 내 것을 찾고 고집하는 것도 어리석다. 올해 풍년이 왔다고 내년에도 풍년이 들 것이라고 믿는 것도 어리석은 일이다. 인과관계를 혼동하고, 자기 업적을 과대평가하고, 운을 실력으로 착각하는 일이 어리석음이다.

탐욕, 성냄, 어리석음 때문에 지금 하는 회사 생활과 사업에서 고통 받는 것은 없는지 살펴보는 것은, 불교의 가르침으로 삶을 통찰하는 예다. 한편 "좁은 문으로 들어가라, 대접받고자 하는 대로 남을 대접하라, 먼저 하나님의 나라와 그 의를 구하라"라는 기독교의 가르침도 얼마든지 사업을 통찰하는 실마리가 될 수 있다.

참고 견디는
힘

·

·

·

　한 단계 높은 위치에서 문제를 바라보고자 했던 것이 전문경영인에게 필요한 첫 번째 요소였다면, 어려운 상황을 참고 견뎌낸 것이 두 번째 요소다. 무엇인가 성취한 사람의 공통점은 '될 때까지 견뎌내는 힘'이 있는 것이라는데, 이 말에 매우 공감한다. 무언가를 성취하기까지는 어려움이 있고, 성취했다는 건 그것을 극복했다는 의미다. 금방 극복되는 것은 굳이 어려움이라고 부르지 않는다. 따라서 성취했다는 것은 오래도록 인내의 과정을 거쳤다는 것과도 같다.

당신이 할래요, 다른 사람 시킬까요?

"김 부장이 해결할래요, 아니면 위에 따로 사람을 앉힐까요?"

"시간을 주시면 제가 해결해보겠습니다."

복사해간 성경 구절을 회사 창업자인 사장님께 보여드리면서 말을 이어갔다.

"여기 성경에 보면 포도원 주인이 자기 포도밭에 무화과나무를 한 그루 심었습니다. 그리고 얼마 후 열매를 얻기 위해 포도원에 왔으나 아무것도 열리지 않은 것을 보고 포도원지기에게 나무를 베어버리라고 합니다. 포도원지기는 한 해 더 말미를 주면 정성을 들여 열매를 맺도록 해보겠노라, 그래도 열매가 없으면 뜻대로 하시라고 말합니다.

우리 회사로 치면 사장님은 포도원 주인이시고 저는 포도원지기, 무화과나무는 저희 부서입니다. 사장님께서는 저희 부서가 열매를 맺길 바라시는데 그러지 못해 마음이 편치 않으신 줄 압니다. 제가 열심히 거름을 주겠으니 시간을 좀 주십시오. 물론 그렇게 해도 열매를 맺을지는 알 수 없습니다. 그때 열매를 맺지 못해도 베어버리겠다는 말씀 대신 또 시간을 더 달라고 말하게 될지도 모르겠습니다. 만일 포도원지기가 게으른 것 같으면 언제든지 포도원지기를 바꾸십시오."

이는 내 직장 생활 중에서 가장 심적 고통이 컸을 때 사장님과 나

눈 대화를 글로 옮긴 것이다. 1987년 6·10민주항쟁은 정치 분야 뿐만 아니라 사회 전반에 커다란 변화를 가져왔다. 기업도 들불처럼 일어난 노동운동의 영향으로 노사 간의 갈등을 겪었다. 노동자는 노조 설립을 당연한 권리라고 생각했지만 사용자 입장에서는 노조가 사사건건 경영에 참견하지 않을까 염려가 많았다.

내가 몸담았던 회사에도 이 뜨거운 바람이 불어왔다. 그런데 노동조합 구성원의 대부분이 내가 책임자로 있는 편집개발부원들이었고, 다른 부서원들 중에 노동조합원은 다섯 명도 채 안 되는 상황이었다.

당시 나는 양쪽으로 압박을 받고 있었다. 직원들은 '당신이 대표 편집자니 자신들의 입장을 회사에 잘 설명해 달라'고 했다. 반면 회사는 노동조합 설립 자체를 불편하게 생각했다. 이처럼 불안정한 상태에서는 신규 제품의 개발을 중지할 수밖에 없으니, 노동조합원을 설득해서 안정적으로 제품을 개발할 수 있는 여건을 조성하라고 내게 요구했다.

그 와중에 노조에서 제작한 신문에 실린 일러스트 하나가 갈등의 골을 더 깊게 만들었다. 그 그림은 커다란 파이 위에 올라선 자본가가 포크를 휘두르면서 파이를 나눠 먹자며 올라오는 노동자들을 탐욕스럽게 몰아내는 선동적인 그림이었다.

이를 본 사장님은 모욕감을 느꼈다. 선량한 의지로 기업을 경영해왔다고 생각했는데, 노동조합이 자신을 그토록 탐욕스러운 사람으로 보는 것이 못내 불쾌했던 것이다. 사장님은 내가 그 일을 감당할 수 없다면, 다른 사람을 내 상사로 임명해 그 일을 맡기겠다는 의사를 표시했다.

나는 '옴짝달싹 못하는 샌드위치 신세'였다. 후배들에게 무슨 말이라도 하면 말 하나하나에 밑줄이 쳐지고 말한 의도가 분석되는 상황은 한마디로 표현해 '불신' 그 자체였다. 그들에게 나는 편집 일의 선배가 아니고 '자본가 편', 즉 편 가름의 대상일 뿐이었다. 개인적으로 후배들을 만나 "법관은 판결문으로, 편집자는 책으로 세상에 대해 자기 생각을 드러내는 것 아닌가"라고 대화를 하면 수긍하고 통하는 것 같았다. 하지만 다음 날이 되면 언제 그랬냐는 듯 노동조합의 원론적인 목소리만 들려오는 답답한 상황이 반복되었다.

회사 입장도 마음에 들지 않았다. 노동조합이 회사를 말아먹겠다는 것도 아니고 어찌 보면 대단히 어려운 요구를 하는 것도 아닌데, 막연한 두려움 때문에 그 존재를 인정하지 못하는 것은 통이 작아서 그런 것이 아닌가도 싶었다.

문제를 해결할 것인가, 도망갈 것인가

이런 불편한 상황에서 벗어나고 싶었다. 도망이라도 가고 싶은 심정이었다. 나의 경력이라면 이 회사 말고도 일할 수 있는 곳이 많은데 내가 구태여 이렇게 속썩어가며 일할 것은 아니라는 생각이 들었다. 옮길 만한 몇몇 회사를 탐색하기 시작했다. 그런데 마음 한편에 또 다른 불편함이 자리 잡았다.

'옮겨가는 회사라고 어려운 일 생기지 말라는 법 없잖은가? 그 회사에서 어려운 일 생기면 또 옮겨? 어려운 일이 생길 때마다 피하고, 피해가다가 피할 수 없는 막다른 골목에 몰리면 그때는 어떻게 하지? 좋다. 회사를 그만두더라도 지금 일은 마무리 짓고 그만두자. 옮기더라도 홀가분한 마음으로 회사를 옮기자. 회사가 나보고 기대에 못 미친다고 그만두라고 하면 '쌩큐'다. 기꺼이 그만두겠다.'

이런 생각을 정리해서 사장님께 드린 말씀이 나는 포도원지기이고 시간이 필요하니 시간을 달라는 것이었다. 사장님은 나의 이야기에 별다른 말 보태지 않고 알았다고 하셨다. 몇 달 후 회사와 노동조합이 서로 이해하고 양보하여 극적으로 합리적인 해결책이 만들어졌다. 이것이 나에게는 본격적인 인내의 경험이었다. 어려움이 해결되고 나니 회사가 더 좋아졌고 다른 곳에서 좋은 조건으로 오라고 해도 별 관심이 가지 않았다. 그 뒤에도 여러 번 어려운 일이 있었다. 숨이 꼴딱꼴딱 넘어가는 것 같아도 그 고비만 넘기면 일이 해결되는 것을 경험했다.

그렇다고 매사 무작정 참고 견디라는 말씀을 드리는 것은 아니다. 무의미하다고 판단되는 고통은 피하는 것이 해결책이다. 그런데 어려움이 닥치면 맞서기보다는 먼저 회피하려는 것이 일반적인 사람의 속성 아닌가. 고통을 무의미한 것으로 미리 단정하면서 말이다. 그러나 어려움을 매번 '회피'라는 방식으로 해결하다 보면 위기 대처 능력이 길러질 수 없다. 쉽게 어려움을 모면하려다 보면 끈기나 인내, 회복탄력성이 길러지지 않기 때문에 나중에 더 큰 문제에 봉착할 때 속수무책으로 휘둘릴 수도 있다는 것을 염두에 두었으면 한다.

더 큰 일을 감당할 수 있는 실력의 원천

전문경영인 후보생인 중간 관리자, 그 자리가 얼마나 어려움이 많은 자리인가. 위에서는 누르고 아래에서는 치받고, 때로는 내가 만든 상황이 아닌데도 책임을 져야 한다. 그뿐인가. 후배를 강하게 키우려 하면 폭군이라는 소리를 듣고, 부드럽게 대하면 매가리가 없다는 소리를 듣는다. 마무리 점검하려고 이것저것 살피면 뒤늦게 숟가락 얹는다는 소리를 듣고, 알아서 하겠거니 믿고 맡기면 무책임하다고 말한다.

못하면 욕먹고 잘해도 본전이니, 이래저래 어려움이 많다. 그래도 하나하나 참고 견디다 보면 일을 완성하는 근력이 좀 붙은 자신을 발견하게 될 것이다. 전문경영인이 되려면 그런 인내의 근력을 갖추어야 한다.

　전에는 능력이 모자라 못 했는데 나중에는 할 수 있게 되는 원리를 맹자는 이렇게 설파했다.

　　하늘이 장차 그 사람에게 큰일을 맡기려 하실 적에는 반드시 먼저 그 사람 마음을 괴롭게 하고 육체를 피로하게 하며 몸을 굶주리게 하고 궁핍하게 만들며 하는 일이 뜻대로 되지 않게 한다. 이로써 마음을 분발하게 하고 참을성을 길러 그가 할 수 없었던 일을 하게 만든다.

　　(天將降大任於是人也 必先苦其心志 勞其筋骨 餓其體膚 空乏其身 行拂亂其所爲 所以動心忍性 曾益其所不能。)

　　　　　　　　　　　　　　　　　　_《맹자孟子》〈고자告子(하편)〉

　어려움을 제대로 견디면 그 과정에서 동심인성動心忍性 즉, 분발하는 마음과 참을 줄 아는 성품을 갖게 된다는 뜻이다. 이것이 실력을 향상시켜 큰일을 맡게 돼도 감당할 수 있게 만든다고 하니, 참을 일이 생길 때마다 '하늘이 내게 큰일을 맡기시려나 보다'라고 생각하면 좋겠다.

정직, 그리고
최소한의 인품

•

•

•

"부장님, 제주 사무소장님이 옥돔을 선물로 보내왔는데요."

"제주 사무소장이? 왜?"

얼마 전 제주도에 갈 일이 있어 겸사해서 사무소에 들러 직원들에게 점심 식사를 샀는데, 그게 고마워서인지 사무소장이 옥돔을 보내왔다. 회사는 아랫사람이 윗사람에게 선물을 하지 말도록 방침을 정하고 회장님부터 지키고 있었다. 생물인 옥돔을 돌려보내는 것은 무리가 있다고 판단해서 대략 옥돔 대금에 해당하는 돈을 송금해주고, 뜻은 감사하나 앞으로 이런 선물을 보내지 말라고 당부의 말을 했다.

그런데 그 사무소장이 추석 명절 때 또다시 옥돔을 보내왔다. 다시 돈을 부쳐주고, 다시는 그러지 말라고 직접 전화를 걸어 정색하고 말했다. 그런데 내가 형식적으로 해본 말이라고 생각했는지 설 명절 때 다시 옥돔 선물을 보내온 것이다.

"사무소장, 지금 나에게 옥돔 장사를 하는 거요?"

노골적으로 싫은 표시를 하고 나니 그제서야 더 이상 선물을 보내오지 않았다.

얼마 후 정기 감사 때 그 사무소가 운영 경비를 전용해서 사용했다는 지적을 받았는데, 그 용처에 선물비도 있었다고 들었다. 하마터면 옥돔 몇 마리 먹고 구설에 오를 뻔했는데 용케 면했던 것이다. 이때 새삼 깨달은 교훈이 있다. 바로 '공짜는 없다'이다. 진짜로 공짜인 것도 있겠지만 공짜처럼 보이는 것에 낚시 바늘이 숨겨져 있는 경우도 많다. 이 교훈을 일하는 데 일관되게 적용했기 때문에 돈에 관해서는 비교적 정직하다는 평을 들을 수 있었다.

돈 욕심이 드러나면 신뢰는 사라진다

선후배들 중에서 일하는 솜씨가 뛰어났음에도 타의로 회사를 떠난 사람들을 분류해보면 크게 두 가지다. 돈에 관해서 투명하지 못했던 사람, 주어진 권한을 남용했던 사람. 특히 내 기억에는 돈에 관해 투명하지 못했던 사람은 그 사실이 드러난 즉시 예외 없이 회사를 떠났다. 팔자에 공짜는 없는 것으로 믿고 사는 게 속 편하게 사는 길이라고 생각한다.

어떤 사람을 신뢰한다는 것은 그 사람의 일하는 실력이 좋아서 그 것을 믿는 것만으로는 충분하지 않다. 그 사람의 일솜씨와 더불어 인품을 믿을 수 있을 때 온전히 신뢰한다고 할 수 있다.

사회생활 속에서의 인품은 무엇으로 측정할 수 있는가? 여러 판단 기준이 있을 수 있겠지만 나는 돈에 대한 태도로 그 사람의 인품을 알 수 있다고 생각한다. 자기 것이 아닌 것을 욕심 내지 않는 것은 당연한 일이다. 그런데 문제는 자기 것인지 아닌지 불분명한 영역이다. 이 영역에 대해 얼마만큼 '쿨'할 수 있는가가 그 사람의 인품을 대변한다고 보면 크게 틀리지 않다.

전문경영인 대표이사가 쓰는 비용은 누가 결제하는 줄 아는가? 회장님이 결제하지 않는다. 그럼 대표이사 자신이? 형식적으로는 그렇다. 그러면 실제로는 누가 결제를 하는가?

그건 비서다. 사장이 쓴 비용은 비서를 통해 전표로 만들어져 재무팀으로 보내지고 그곳에서 정산·집행된다. 재무팀 누구도 사장이 쓴 비용에 대해 토를 달지 않는다. 그러나 사장이 직원들로부터 인격적 대접을 받으려면 비서에게 용처에 대해 설명할 수 없는 영수증을 처리하라고 내밀어서는 안 된다는 게 내 생각이다. 직원들이 아무 말도 안 한다고 해서 평가나 판단을 안 하는 것이 아니다. 속으로 다 한다. 이 평가는 사장 자신만 모를 뿐, 알 만한 사람에게 소리 없이 퍼져나간다.

사장조차 이러한데 부서장, 팀장이 돈에 대해 어떻게 처신해야 하는지 길게 설명하지 않아도 될 것이다. 푼돈 탐내다가 정직하지 못하다는 인상을 남기면 그것은 회사 생활을 하는 데 치명적이다. 전문경영인이 되려면 돈에 관해서 정직하고 투명하다는 평판을 들어야 한다. 어쩌면 이것이야말로 기본 중에 기본인지도 모르겠다.

실력이 부족하면 갑질이 늘어난다

요즘 '갑질'로 논란이 일어 낭패를 본 경영인들이 무척 많다. 무엇보다 전문경영인이 되려면 '갑질'을 하지 말아야 한다.

'갑질'은 그 사람의 천성이 악독해서 하는 것일까? 그렇지 않다. 협력업체가 찾아와 굽신굽신하는 것을 자기 실력이 뛰어난 것으로 착각하는 데서 '갑질'이 시작된다. 회장을 보좌하는 경영기획실 멤버들이 일을 빠르게 처리하려는 욕심에 계열사 임원이나 담당자에게 '이건 회장님의 뜻'이니 반대 의견 내지 말고 빨리 진행하라며 호가호위하는 것도 계속되면 '갑질'로 고착된다.

이렇게 일하면 일단 쉽다. 하지만 쉬운 것이 옳은 것은 결코 아니다. 또 단기간에 성과도 내고 유능하다고 인정도 받을 수 있을 것처럼 보인다. 하지만 착각이다. 오히려 '갑질' 속에 인품의 민낯이 드러난다. 요약하자면 '갑질'은 쉽게 내 욕심을 충족하려는 데서 비롯된다. 세상사, 잠시는 몰라도 계속 쉽게 날로 먹을 수는 없다.

회장님은 인품이 바닥인 사람을 오래 쓰거나 높은 자리에 중용하지 않는다. 왜 그런 줄 아시는가? 회장님은 언제나 '갑'이었을 것 같지만 결코 그렇지 않기 때문이다. 회장님은 그 자리에 오르기까지 '을'이었던 경험이 훨씬 많다. 그러면 지금은? '갑'인 때도 있지만 아직도 회장님이 '을'의 입장이 되는 경우도 많다. 그런데 자기 수하가 '갑질'을 하면서 일하는 것이 평판을 통해서 드러난다면? 그건 '을'이었던 회장님의 아픈 기억을 건드리는 것이다.

인품character은 사람들 사이에서 원만하게 살아가는 데 필요한 덕목들이다. 이에 대해서 미국 쪽 자료를 찾아보니 존중respect, 책임responsibility, 공정fairness, 배려caring 시민의식citizenship, 신뢰성trustworthiness 등을 강조하고 있다. 다 좋은 덕목들이다. 그런데 마음 한구석에는 좋은 것은 다 모아놓은 것 같은 느낌을 지울 수 없다. 그리고 이들 덕목을 동일 선상에서 나열할 수 있는 것인지도 아리송하다.

이 덕목들을 나열하지 않고 통합해서 간단하게 표현한다면 무엇이 될까? 공자님은 이미 2500년 전에 인품을 기르는 길을 한마디로 정리하셨다. 공자님의 제자 자공이 물었다.

"종신토록 받들어 시행할 만한 한마디가 있습니까?"

그러자 공자님이 말씀하셨다.

"서恕가 아닐까? 자기가 하고 싶지 않은 것을 남에게 베풀지 말라(己所不欲勿施於人)."

자기가 하기 싫은 것 남에게 시키지 말고, 남이 나에게 하면 싫은 짓 남에게 하지 않는 것이 인성의 핵심이라고 공자님이 정리해주신 것이다. '갑질'당하는 것이 싫으면 남에게 '갑질'하지 말아야 하는 것은 당연한 이치다. 한데 이를 어기면서 전문경영인이나 리더가 되겠다는 것은 엇나가도 한참 엇나간 태도다.

새뮤얼 존슨이 인간의 가치에 대해 이런 멋진 말을 했다.

"인간의 진정한 가치는 그가 자신에게 아무런 도움도 되지 않을 사람을 어떻게 대하는가에서 드러난다."

내게 직접 도움이 되지 않을 사람들이라도 존중하는 게 마땅하다. 그런데 우리 회사와 관련을 맺고 있는 사람들을 존중하지 않고 그 위에 군림하려 든다면, 그런 인품으로 리더가 되는 것은 불가능하다고 봐야 한다.

윤석철
31.8×40.9(cm) 캔버스 유화

2장

생존

윤석철(1940~   )

윤석철 교수는 우리나라를 대표하는 경영철학자다. 본문에서 다룬 생존부등식 외에 개인적으로 '우회축적'이라는 개념에서 큰 인사이트를 얻었다.

길을 가는 나그네가 폭 2미터 정도의 개울을 만났다. 제자리에서 건너뛰면 개울에 빠질 지도 모른다. 그래서 나그네는 10여 미터 뒤로 물러섰다가 힘껏 달려와서 뛰어넘는다. 이와 같이 에너지를 축적하였다가 발산함으로써 장애물을 극복하는 과정을 윤 교수는 '우회축적'이라고 이름 붙였다. 기업의 연구개발 투자도 처음에는 노력과 비용만 들어가고 돌아오는 것이 없다. 그러나 연구개발 투자의 효과가 축적되고 그 힘이 발산되기 시작하면 기업은 경쟁력을 갖게 된다. 연구개발 외에도 직원 교육, 홍보 등에 대한 투자가 바로 우회축적 과정인 것이다.

나는 이 우회축적의 개념을 몸담았던 출판교육 사업의 '업의 개념'을 정립하는 데 사용하였다. 사람이 어렸을 때 교육을 받는 동안은 노력과 비용만 들어가고 소득은 없지만 교육을 통해 축적된 능력이 발산되기 시작하면 생산성과 창조성으로 나타나게 된다. 지식 능력의 키가 아직 작아 담 넘어 세계를 보지 못하는 아이들에게 정신적 디딤돌을 마련해주는 일을 하는 것이 출판교육 사업의 본질이다. 좋은 책을 아이들에게 읽히는 것은 사람 능력에 대한 '우회축적' 노력이다.

경영자가
피하고 싶은 말 두 가지

●

●

●

우리 역사를 배웠던 사람은 대부분 신라의 경순왕과 백제의 의자왕을 알고 있다. 수많은 왕들이 있는데 어찌 이 왕들만을 특별히 기억하는가? 그건 이들이 신라, 백제의 마지막 왕이기 때문이다. 아무리 왕이라는 자리가 좋더라도 나라의 마지막 왕이 되고 싶은 사람은 없을 것이다. 경영자도 마찬가지다. 아무리 CEO라는 자리가 그럴듯해 보여도 회사의 마지막 CEO, 회사의 문을 닫은 경영자가 되는 것은 극구 사양할 일이다.

본부장을 하다가 벤처 기업의 CEO가 되었을 때 가장 크게 달라진 점이 무엇인지 아는가? 내 경험을 말하자면 본부장 시절에는 월급날이 기다려졌는데 CEO가 되고 나니 월급날이 오는 게 걱정스러웠다는 점이다. '가난한 집 제삿날 돌아오듯 한다는 것이 이런 것이로구나' 하고 깨달았다. 직원들 월급을 제날짜에 지급한다는 것이 만만치 않은 일임을 실감했다. 월급을 제때 주지 못하면 그 기업은 존속할 수 없다. 경영자는 무슨 수를 써서라도 직원들 월급을 주어야 하고 기업을 생존시켜야 한다.

경영자라면 피하고 싶은 두 가지 말이 있다. 경영자가 절대로 하고 싶지 않은 말은 '회사 문 닫는다'는 말이다. 경영자가 절대로 듣고 싶지 않은 말은 '회사 문 닫은 사람'이라는 말이다. 그래서 경영자의 머릿속에 크게 자리 잡고 있는 첫 번째 키워드를 고르라면 나는 망설임 없이 '생존'을 들겠다.

생존이라는 키워드를 통해 '경영이라는 숲'을 살펴보고자 한다.

경영자로서 절대 하고 싶지 않은 말

아이폰과 삼성 그리고 중국의 저가 폰에 시달리던 노키아의 CEO 스티븐 엘롭은 직원들에게 보내는 메일에, 자기 회사를 불타는 플랫폼 위에 서 있다고 비유했다.

한 사내가 북해의 석유 굴착 플랫폼에서 일하고 있었습니다. 어느 날 밤 요란한 폭발음에 놀라 잠에서 깨어났습니다. 시추 플랫폼이 갑자기 화염에 휩싸였습니다. 사내는 삽시간에 불길에 갇

혔습니다. 자욱한 연기와 뜨거운 열기를 뚫고 간신히 화염에서 벗어나 플랫폼 가장자리로 탈출했습니다. 아래를 내려다봤습니다. 깜깜하고 차갑고 불길한 대서양의 물뿐입니다. (중략)

저는 우리가 불타는 플랫폼에 서 있다는 사실을 깨달았습니다. 우리 플랫폼의 폭발은 한 건이 아닙니다. 불길이 여기저기서 치솟고 있습니다. 이글거리는 화염이 우리를 둘러싸고 있습니다. 경쟁사들이 강한 열기를 뿜고 있습니다. 예상보다 훨씬 빠르게 닥쳐옵니다. 애플은 스마트폰 개념을 바꿔 시장을 뒤엎었습니다. 개발자들을 폐쇄적이면서도 강력한 에코시스템으로 끌어들였습니다. (중략)

애플뿐만 아니라 안드로이드도 있습니다. 안드로이드는 약 2년 만에 앱 개발사, 서비스업체, 하드웨어 메이커 등을 끌어들이는 플랫폼을 만들었습니다. 안드로이드는 하이엔드로 나와 중가제품 시장을 차지했고 이제는 100유로 미만의 저가제품 시장까지 내려오고 있습니다. 구글이 구심점이 되어 혁신 세력을 끌어들이고 있습니다. (중략)

우리 플랫폼 노키아가 타고 있습니다. 우리는 전진할 길을 뚫고 있습니다. 시장에서 주도권을 되찾는 길입니다. 2월 11일 새 전략을 공개합니다. 회사를 바꾸기 위해서는 엄청난 노력을 해야 합니다. 우리가 합심하면 우리 앞에 놓인 장애물에 맞설 수 있다고 믿습니다. 우리가 합심하면 우리의 미래를 좌우할 선택을 할 수 있습니다.

나는 그가 쓴 메일을 읽으면서 언젠간 나도 이런 메시지를 보내는 일이 있지 않을까 하는 생각에 전율했던 기억이 생생하다.

노키아는 불타는 플랫폼에서 뛰어내리는 전략을 선택했다. 불행하게도 불타는 플랫폼에서 바다를 향해 뛰어내린다고 모두 다 살수 있는 것은 아니다. 노키아는 결과적으로 차가운 바닷물에 빠져죽고 말았다. 어느 경영자가 우리 회사는 불타는 플랫폼 위에 서 있다고 말하고 싶겠는가? 위기를 강조하기 위한 목적이 있더라도 정말로 하고 싶지 않은 말이다.

경영자로서 절대 듣고 싶지 않은 말

다음 그림을 보자. 2008년 국제 금융위기에서 무너진 리만브라더스의 CEO 리처드 폴드 초상화를 거리에 내놓고 사람들이 한마디씩 적은 것을 보여주고 있다. 온갖 욕설이 가득하다. 신문에서는 "폴드의 교만, 붕괴에 한몫하다"라며 대서특필했다. 폴드는 이런 치욕적인 말을 들으리라 상상이나 해봤겠는가?

무선호출기 사업을 시작으로 한때 국내 휴대폰 업계 2위까지 올랐던 팬택의 박병엽 부회장. 그는 회사가 유동성 위기에 빠져 워

크아웃에 들어가자 회사를 살릴 수만 있다면 4,000억 원대에 달하는 주식을 비롯해 자신의 전 재산을 내놓고 백의종군하겠다고 채권단에게 호소했다. 이 뉴스는 경영자인 나에게 적잖은 감동이었다.

'할리스커피', '카페베네' 등 토종 커피전문점을 연달아 성공시켰으며 '망고식스'라는 건강 음료 프랜차이즈 시장을 개척한 대표적인 프랜차이즈 1세대 경영인이 격심한 경쟁을 이기지 못하고 스스로 목숨을 끊었다는 소식은 충격이었다.

회사를 살릴 수만 있다면 전 재산이라도 내놓으려는 마음, 회사를 문 닫은 사람이라는 이름을 달고 사느니 차라리 세상을 버리고자 하는 선택. 그 배경에는 언감생심 송덕비는 바라지도 않거니와 다만 회사 망하게 한 장본인이라는 비난만큼은 절대로 듣고 싶지 않은 마음이 깔려 있을 것이다. 어떤 경영자라도 별다르지 않으리라. 그래서 경영자의 첫 번째 키워드는 '생존'이다.

기업의 생존 여부를 알아보는 법이 있다?

이런저런 일로 여러 회사를 방문해보면 회사마다 독특한 분위기가 있음을 알게 된다. 어떤 회사는 잘될 것 같은 느낌을 주고, 또 어떤 회사는 어려움을 당하고 있거나 앞으로 어려워질 것 같은 느낌을 준다. 그 이유를 정확하게 말할 수는 없지만 대체로 회사 직원들이 사람을 대하는 태도와 사무실 환경에 크게 영향을 받는 듯하다.

낯선 사람을 낯선 사람처럼 대하는 회사는 톱클래스가 아니다. 사무실의 화초가 말라죽어가는 것이 보이면 그건 나쁜 신호다. 내일이 아니면 관심을 두지 않아 팀워크가 부족한 조직일 가능성이 크다. 너무 깔끔한 것도 사무실을 위해 사람이 맞춰 사는 것 같아서 경직된 분위기를 느끼게 한다. 검소한 것과 칙칙한 것을 구별하지 못한다는 느낌을 준 회사도 있다. 유명인과 찍은 사진과 상패로 가득한 사장실을 보면 자기를 과장해서 상대를 속이려는 것이 아닌가 하는 경계심부터 생긴다.

재무제표상으로는 유동부채가 유동자산보다 많은 회사는 꼼꼼히 들여다볼 필요가 있다. 조만간 자금 경색이 올 가능성이 크기 때문이다. 기업을 인수 합병할 때는 인수할 회사의 재고 자산을 잘 평가해야 한다. 가치가 없는 재고를 자산으로 포장한 회사는 빈껍데기일 가능성이 크다.

사람이 MRI 사진을 찍으면 건강이 어떤지 속속들이 드러난다. 그처럼 어떤 잣대를 들이대서 그 기업이 살지 죽을지 알 수 있으면 좋겠다는 생각을 경영자들은 하게 된다. 윤석철 교수는 이 콘셉트를 그의 저서 《경영학의 진리 체계》에서 생존부등식으로 설명했다. 이를 자세히 살펴보면 경영에 대한 인사이트를 얻는 데 도움이 될 것이다.

기업의
생존부등식

•

•

•

세상사를 압축해보면 네 가지 유형이 나온다. '너 죽고 나 죽고', '너 죽고 나 살고', '너 살고 나 죽고', '너 살고 나 살고'이다. 직관적으로 '나 죽는 길'을 선택하기는 매우 어렵다. '나 살고 너 죽는 길'은 상대가 가만히 있지 않을 것이 분명하다. 남은 길은 '너도 살고 나도 사는 길'밖에 없다. 이 길을 윤석철 교수는 '생존부등식'이라 이름 붙였다.

생존부등식

기업은 비용cost $<$ 가격price $<$ 가치value 부등식을 만족시키면 생

존할 수 있다.

비용은 기업의 상품과 서비스를 만들기 위해 들어간 돈이다. 가격은 소비자가 상품과 서비스를 구입하기 위해 지불한 돈이고 기업 입장에서는 벌어들이는 돈, 즉 수입이다. 가치는 고객이 상품과 서비스를 구입하고 사용하는 과정에서 얻는 만족의 크기를 화폐가치로 나타낸 것이다. 비용보다는 가격이 커야 한다. 그래야 기업이 살 수 있다. 가격보다는 가치가 커야 한다. 그래야 고객이 살 수 있다. 이 평범해 보이는 공식이 내포하고 있는 의미는 깊고 심오하다.

첫째, 기업의 목표는 이익의 극대화가 아니라는 점이다. 예전 경영학 교과서에서는 이익 극대화가 기업의 목표라고 가르쳤었다. 지금도 이것을 믿고 있는 사람이 많은 듯하다. 이익 극대화는 경영자가 목표로 한다고 도달할 수 있는 것이 아니다. 목표라기보다는 기업이 생존하기 위한 활동을 제대로 했을 때 얻어지는 결과라고 해야 할 것이다. 결과를, 적극적으로 추구할 목표로 삼으면 문제가 발생한다.

기업의 성과 측정은 대개 1년 단위로 이루어진다. 그래서 단기 이익 극대화를 목표로 하는 주주들이 경영자를 압박하면 장래의 성장성을 해칠 수 있는 조치들이 취해지기 쉽다. 이는 어획량을 늘리려고 어린 물고기를 싹싹 긁어 잡으면 머지않아 어장이 황폐해지는 것과 비슷하다. 당장 우리가 편하게 살자고 미래에 우리 후손들이 써야 할 자원까지 마구 개발해서야 되겠는가? 기업 경영을 이렇게 해서는 안 된다. 이익 극대화가 절대 기준이 되면 이런 종류의 폐해가 생길 수밖에 없다.

이익 극대화는 기업의 일방적 욕심에 기인한다. 단기 이익을 극대화하려는 조치가 장기적으로 기업 체질을 약화시키는 것이라면 이 얼마나 어리석은 짓인가? 그러나 현실에는 황금알을 조금 더 얻겠다고 황금알 낳는 거위의 배를 가르라고 압박하는 힘이 존재한다. 제대로 된 경영자라면 이런 힘과 맞서야 할 것이다.

둘째, 생존부등식에는 '너도 살고 나도 살자'는 상생의 원리가 담겨 있는데, 그 순서는 '당신이 살아야 나도 살 수 있습니다'이다. '내가 살기 위해 당신이 희생해주어야겠다'가 아니다. '나를 살게 해주면 당신도 살게 해줄게'도 아니다. 먼저 당신을 살게 해야 내가 살 수 있다는 각성이 담겨 있는 공식이다.

이익 극대화라는 목표를 고객들은 어떻게 보겠는가? 저 회사가 이익을 올리려고 내 것을 마구 빼앗아갈 것 같은 의구심이 들지 않겠는가? 그런 의심을 받는 회사가 계속 성장할 리 없다. 욕심이 앞서게 되면 눈앞의 달콤함이 지나가고 나서 파멸의 고통이 기다릴 뿐이다. 반면 회사가 손해를 무릅쓰고서라도 고객인 나를 위해 애쓴다는 생각이 들 때는 믿음이 생긴다. 그제서야 기업의 사는 길이 열린다.

경영자가 해야 할 일 두 가지

경영자가 하는 일이 대단히 복잡하고 많은 것 같지만 간추리면 다음 두 가지로 요약된다.

1 비용을 줄이는 일
2 가치를 높이는 일

이는 부하직원을 만났을 때 두 가지만 물어보면 된다는 뜻이기도 하다.

"비용을 줄이기 위해서 지금 무슨 일을 하고 있습니까?"

"고객 가치를 높이기 위해 무슨 노력을 하고 있습니까?"

묻고서 설명하는 것을 들어보시라. 마음에 들지 않는 게 있어도 과장된 게 많아도 그 자리에서 반박하지 마시라. 한 달 뒤에 똑같은 질문을 또 던지면 된다. 석 달만 계속해서 이 질문을 진지하게 던지면 화내지 않아도 채근하지 않아도 회사는 바른 방향으로 움직이기 시작한다. 숨넘어갈 듯 긴급한 일이 많은 것 같아도 궁극적으로 기업은 이 생존부등식 안에서 존재한다.

그러니 리더가 할 일은 아주 명확하다. 첫 번째는 방향을 제시하는 것이다. 경영자는 기업이 나갈 길을 화려한 수식어를 써서 말할 필요가 없다. 기업은 생존해야 하고 이를 위해서 비용을 낮추고 가치를 높여야 한다.

이론상 가격은 기업이 상품에다 붙인다고는 하지만, 경쟁자가 있기 때문에 대개는 시장에서 결정되고 기업 마음대로 할 수 없는 게 현실이다. 따라서 기업이 스스로 할 수 있는 활동은 비용을 낮추는 일과 고객 가치를 높이는 일뿐이다. 지극히 상식적인 일인데 이것을 지키기가 쉽지 않다. 그래서 망하는 기업이 나오는 것이다.

제대로 비용을 줄인다는 것

돈을 아껴 쓰기만 하면 비용절감을 하는 것 같지만, 현실에서는 그렇게 간단한 문제가 아니다. 아낄 것과 쓸 것을 제대로 구별하지 못하면 비용절감 활동은 오히려 기업 생존에 위협이 된다. 제대로 비용을 줄이기 위해서 다음과 같은 점은 주의해야 한다.

경영자가 비용을 낮추라고 하면 무슨 일이 벌어지는가? 예전에는 다 쓴 볼펜 심 바꿔주기, 복사지 이면 활용하기, 빈 사무실 전등 끄기 등을 시행 방안으로 추진했다. 효과도 미미하고 보여주기 위한 활동이라는 지적을 받으면 그다음으로는 단기적으로 효과가 잘 안 나타나는 광고비, 직원 교육비 등을 뭉텅 잘라냈다. 하지만 이런 행위는 제대로 된 비용 절감이 아니다.

3M의 CEO로 부임한 제임스 맥너니는 2000년 12월 취임하자

마자 인력의 11퍼센트인 8,000명을 감원하고 비용절감을 골자로 한 6시그마 운동을 펼쳤다. 단기적으로는 이익이 늘어나고 잘되는 것 같았다. 그러나 4년 뒤인 2005년 6월, 맥너니가 보잉으로 떠나자 문제점이 속출하기 시작했다. '3M답다'라고 할 수 있는 혁신 제품이 사라진 것이다. 비용절감이라는 명분 아래 당장 성과가 나올 것 같지 않은 연구 활동을 중지시킨 결과다. 돈은 아꼈지만 비용을 절감한 것은 아닌 대표적인 사례.

비용은 줄였지만 더불어 품질도 떨어뜨렸다면 그것은 비용절감이 아니다. 비용을 절감하라고 하면 부문 책임자들로부터 이런 볼멘소리도 듣게 된다. "회사에서 시키니 비용은 줄이겠지만 품질이 떨어지는 것은 책임질 수 없다." 그럴듯한 말이지만 면피성 위협이다. 품질을 떨어뜨리면서 비용을 줄이는 건 누구라도 할 수 있는 일이다.

이런 식이라면 갈비탕 집에서 비용절감한다고 고기 양을 줄이겠다는 것과 무엇이 다른가? 그런 건 '경영'이라고 하지 않는다. 비용을 줄이면서도 품질을 떨어뜨리지 않아야 하고 혹시 떨어지더라도 그 정도를 최소화하는 것이 경영이다. 그래서 비용절감이 고통스러운 것이다.

비용절감의 핵심은 성과와 관계없는 '헛일'을 줄이는 것이다. 기업 활동 중에는 이유도 모르고 전부터 해왔기 때문에 관습적으로 하는 일이 많다. '헛일'일 가능성이 크다. 그런 걸 찾아 없애는 것이 제대로 된 비용절감이다. 이런 이야기가 전해져온다.

비스마르크가 러시아 대사 시절, 황제인 알렉산더 2세를 예방하려고 러시아 궁전에 들어갔다. 그런데 그곳에서 아무도 없는 정원에 경비병이 보초를 서고 있는 이상한 모습을 보았다. 그는 무엇 때문에 보초를 서는지 궁금했다. 그래서 비스마르크가 예방하는 자리에서 황제에게 그 이유를 물어보았는데 황제도 그 이유를 알지 못했다. 황제는 궁전 경비 책임자에게 그 이유를 물었지만 그도 정확한 이유를 알지 못하였고, 단지 예전부터 그곳에 경비를 세웠다는 대답만 할뿐이었다. 황제는 더욱 궁금증이 일어서 그 이유를 알아오도록 지시하였다. 며칠 후 경비 책임자가 그 이유를 다음과 같이 보고하였다.

"80년 전으로 거슬러 올라가 캐서린 대제가 집정하던 시기에 대제가 창문 밖을 내다보다가 언 땅을 뚫고 나온 갈란투스 꽃을 발견했다고 합니다. 그 꽃을 발견한 대제는 너무 기쁜 나머지 경비병에게 그 꽃을 아무도 꺾지 못하도록 보초를 서도록 명령을 내리셨답니다. 그 이후 아무도 보초 서는 것을 중단시키지 않아 지금까지 경비병이 배치되고 있었습니다."

여러분의 회사에는 전부터 해왔기 때문에 왜 하는지도 모르고 그냥 하고 있는 일이 없는지 살펴볼 일이다. 그리고 '이건 선대 회장님의 뜻입니다…' 이런 식으로 포장된 일들도 '헛일'일 가능성이 크다. 이런 것을 줄이고 없애야 제대로 비용이 절감된다.

열심히 일하는 것 같지만 성과 향상과는 전혀 관계없는 일도 '헛일'이다. 예를 들어보자. 영업책임자들은 마감 날이 되면 자기 조직의 실적과 라이벌 조직의 실적이 궁금하다. 그래서 수시로 모니터 실적 화면을 보면서 체크한다. 그리고 이걸 열심히 일하는 것으로 생각하는 듯하다. 엄밀히 말하면 이건 일하는 게 아니다. 모니터를 보는 행위가 실적을 증가시키는가? 그렇지 않다. 모니터링하다가 실적이 부진한 조직에 전화를 걸어 다그쳤더니 실적이 올라가는가? 그랬다면 그건 십중팔구 실적을 가불한 것이다. 이런 건 '헛일'이다. 이런 것 할 시간에 다음 달 계획 점검하는 게 제대로 일하는 것이고 비용을 줄이는 일이다.

생존을 위한 몸부림, 구조조정

기업은 때때로 구조조정을 단행한다. 구조조정은 비용절감의 극단적 사례라고 할 수 있다. 경영자로서 정말 고통스럽다. 구조조정은 생산성이 떨어지는 조직을 대상으로 이루어진다. 그런데 그들은 전부터 생산성이 떨어진다고 회사로부터 푸대접을 받아왔다. 거기에다 또 칼질을 하는 것이 구조조정이다. 그들의 잘못 때문에 그렇게 되었다고 말할 수는 없다. 신입 사원으로 그 조직에 배치된 것을 어찌 그 사원 탓이라고 하겠는가?

구조조정은 생산성이 좋은 조직에도 정도는 덜 하지만 어느 정도 영향을 미친다. 그들은 "죽으라고 돈을 벌어주었더니 이렇게 대접하는가?"라고 항변한다. 하지만 여기에도 함정이 있다. 본인들이 열심히 일해 성과를 내는 경우도 있지만, 운이 좋아 성과를 내는 조직에 배치된 이들도 있다. 그런 이들조차 잘된 것을 다 자기 실력이라고 믿고 있다.

고통을 나누자는 이야기가 자기의 것을 줄이라는 이야기라는 걸 아는 순간 반응은 날카롭다. 총론은 찬성하지만 각론은 찬성할 수 없는 경우가 많다. 그 이유는 각론에 나의 몫을 줄여야 한다는 이야기가 들어가기 때문이다. 그렇지만 경영자는 이 모든 것을 감내하고 추진해야 한다. 그렇지 않으면 기업의 생존을 장담할 수 없기 때문이다.

이나모리 가즈오 교세라 명예 회장에게 방만한 경영 끝에 파산한 JAL의 회생 업무가 맡겨졌다. JAL을 '준 국영기업'으로 취급한 자민당 정권은 주민들의 표를 의식해 채산성 없는 지방 공항에 취항토록 압박하고 지방공항 유지 관리를 위해 공항사용료를 과도하게 징수했다. JAL은 1987년 완전히 민영화했지만 경영진이나 경영방식은 '관官' 체질을 벗지 못했다. 경영진에는 '낙하산' 인사가 투입됐고, 경영실적에 관계없이 퇴직자들은 두둑한 연금을 챙기는 등 도덕적 해이가 만연했다. 결국 2008년 미국발 금융위기의 파도를 감당하지 못한 채 파산했다.

이나모리는 구조조정 차원에서 회장 재임 중 적자노선을 중심으로 국제선 40퍼센트, 국내선 30퍼센트를 각각 줄이고 총 4만 8,000명이던 인력을 3만 2,000명으로 대폭 감축했다. 그 과정의 어려움에 대해 이나모리의 오른팔 역할을 했던 오니시 JAL 현 회장은 이렇게 말했다.

"사실 이나모리 회장과 제가 오기 전까지 당초의 구조조정 계획은 3년에 걸쳐 서서히 하겠다는 것이었습니다. 하지만 격론을 벌여 '구조조정은 단번에 빨리 해버리지 않으면 안 된다'고 결론을 내렸습니다. 구조조정을 서서히 3년에 걸쳐 했더라면 직원들 마음이 전부 조각나버렸을 겁니다. 단번에 끝내서 남은 직원이 전원 일치단결해 새로운 목표로 나아가도록 하지 않으면 안 된다고 생각했습니다."

이나모리는 "소선小善은 대악大惡과 닮아 있고, 대선大善은 비정非情과 닮아 있다"고 했다. 안타까움에 구조조정을 미루는 '작은 착함'을 선택하면 모두가 죽는 '큰 악'을 저지르게 된다. 구조조정이라는 수술을 단행하는 것이 비정해 보이지만 그 결과로 기업이 살게 된다면 그건 크게 선한 일이라는 것이다. 눈물겨운 노력의 결과 JAL은 3년 만에 기사회생하였고 이나모리 가즈오 회장은 명예롭게 물러난다. 무릇 경영자는 이래야 한다.

습관성 구조조정은 언 발에 오줌 누기

구조조정이나 리스트럭처링은 뭔가 생산적인 일을 하고 있다는 착각을 하게 만든다고 짐 콜린스는 경고한다. 경영자 중에는 구조조정을 하고서는 할 일을 다 했다고 생각하는 사람도 더러 있다. 비용을 줄여 이익을 나게 했으니 할 일 다 했다는 것인데, 이는 임시방편일 뿐이다. 짐 콜린스는 이를 심각한 심장질환 혹은 암 진단을 받고 거실 가구들을 재배치해 대응하는 것이나 마찬가지라고 비꼬았다.

구조조정은 목표가 아니라 과정이다. 구조조정을 해서 절약된 돈을 어디에 투자할 것인가에 대한 확고한 방침이 없다면 구조조정은 언 발에 오줌 누는 것에 불과하다. 발을 녹일 수 있는 오줌은 마음먹었다고 항상 나오는 것이 아니다. 조만간 오줌도 안 나오게 되는 때가 닥친다. 그 전에 살 길을 찾아 한걸음이라도 떼야만 한다. 그래야 고통스러운 구조조정이 의미를 갖게 된다.

《블루오션 전략Blue Ocean Strategy》에는 ERRC라는 개념이 소개되어 있다. 없애고eliminate, 줄이고reduce, 늘리고raise, 새로 만들고create의 머리글자를 모은 것으로, 시장에서 생존 전략을 어떻게 전개할 것인가를 보여준다. 그 누구도 늘리고 새로 만드는 활동에 필요한 자원을 공짜로 기업에 주지 않는다. 결국에는 밖에서 빌려오거나 기업의 기존 활동 중에서 없애고 줄인 데서 축적된 자원을 투입하는 길밖에 없다. 구조조정이라는 피를 흘리는 과정을 통해 얻은 자원을 허투루 써버리는 것은 피 팔아 생긴 돈으로 빵 사먹으면서 만족하고 있는 것과 다를 바 없다.

사업 영역 중에 한때는 회사의 중심이었으나 사업 환경 변화 때문에 더 이상 발전이 어렵다고 여겨지는 분야가 있다. 이때 흔히 '유지 전략'을 취하자고 한다. 발전 가능성이 없으므로 대규모 투자는 하지 않고 유지에 필요한 비용을 투입해서 최대한 수익을 거둬들이고 더 이상 수익이 없으면 철수하자는 전략이다. 그럴듯하지만 뜻대로 되지 않을 가능성이 크다.

생존이나 현상 유지는 그걸 목표로 세워서 얻어지는 것이 아니다. 최대한 성장하려고 애썼지만 뜻대로 되지 않았을 때의 결과가 현상 유지다. 현상 유지하겠다고 계획을 세우면 관계자가 다 알게 된다. 이 사업이 내리막이라는 것을. 그러면 현상 유지는 불가능하게 된다.

생존도 목표가 되어서는 안 된다. 생존이 목표라는 것이 밝혀지는 순간 '깨진 유리창의 법칙'이 작동하기 시작한다. 유리창이 깨졌는데 그대로 방치된 건물은 사람들에게 나머지 유리창을 깨도 괜찮다는 신호를 주는 것이 아니겠는가?

현상 유지가 목표라는 것은 구성원들에게 이 사업은 더 이상 희망이 없으니 탈출하라는 신호를 보내는 것과 같다. 그러면 절대로 현상 유지가 안 된다. 급속한 몰락이 초래될 개연성이 크다. 생존은 최후까지 희망을 붙잡고 성장하려고 분투하는 가운데 얻어질 수 있음을 기억해야 할 것이다.

잘나가는 기업이
왜 망하는가?

●

●

●

　잘나가는 기업도 망한다.《좋은 기업을 넘어 위대한 기업으로》
에서 위대하다고 거명되었던 기업들 중에서 여러 기업이 파산하
거나 다른 기업에 합병되었다. 베스트셀러였던《혼창통》에서 혼
이 있는 기업으로 소개되었던 어떤 이자카야도, 중국의 대표적 태
양광 기업도 지금은 문을 닫았다.

　짐 콜린스는《위대한 기업은 다 어디 갔을까 How the Mighty Fall》
라는 책에서 기업을 망하게 하는 이유, 즉 그 씨앗을 '성공에서 비
롯된 자만심 hubris born of success' 때문이라고 설명한다. 성공한 회
사는 나름대로의 훌륭한 성공방정식이 있다. 문제는 이 성공방정식
이 모든 문제를 풀 수 있는 만능키가 아니라는 것이다. 대체로 수긍
이 가는 견해이다.

예를 들자면 유통 사업을 성공시키는 원리와 건설 사업이나 중후장대한 장치 산업을 성공시키는 원리는 일부 공통되는 점도 있겠지만 전체적으로는 꽤 다르다. 그런데 최초의 성공을 가능하게 만든 조건들이 적용되지 않는 분야에 성공방정식을 일률적으로 적용하려 한다. 이런 것이 바로 자만hubris인 것이다. 그리고 성공은 실력만으로 이룰 수는 없다. 성공에는 운도 크게 작용하는데 그 운을 자기 실력으로 착각하는 것 역시 휴브리스다.

성공의 덫, 욕심이 가져오는 실패

흔히 작은 성공을 거두고 거기에 만족하는 것을 실패의 원인으로 꼽는다. 분명 그런 점도 있지만 더 큰 실패의 원인은 작은 성공에 도취되어 과도한 욕심을 부리는 데 있다. 욕심을 비전으로 포장하고 긍정적 마인드라는 미명 아래 현실의 위험과 위기 가능성에 대해 눈감는 것, 그것이 실패의 나락으로 빠져드는 길이라고 짐 콜린스는 경고한다.

기업 생존을 위해 이를 일찍 깨달으면 좋지만, 유감스럽게도 이걸 제때에 깨닫는 기업이 많지 않다. 무릇 모든 질병은 초기의 경우 진단하기는 어렵지만 치료는 쉽다. 말기로 갈수록 진단은 어렵지 않은데 치료하기가 어렵다. 기업의 질병도 마찬가지다. 그래서 생존을 생각하는 경영자라면 겸손하고 변화에 예민해야 한다.

기업이 쇠락의 길을 가더라도 반전시킬 기회는 있다. 물론 쉽지는 않은 일이다. 벼랑 끝에 선 기업은 생존을 포기하면 매각의 길을 걷게 되고 생존 투쟁을 벌이게 되면 파산의 길을 걷게 되는데, 드물지만 일부는 회생의 길을 걷는다. 그렇다면 회생이라는 반전을 가져오는 원동력은 무엇일까? 살아야 한다는 생존 본능? 과거 이룩한 것에 대한 강한 집착? 가장 근본적인 원동력은, 기업 구성원들이 자기 회사는 생존할 가치가 있는 기업이라는 확신을 갖고 있는 것이라고 생각한다.

내가 몸담았던 회사는 직원들에게 승진 자격 고사를 보게 했다. 평소 최소한의 학습을 하고 있는지를 점검하는 시험이다. 어느 해 이런 문제를 직접 출제해서 채점까지 했다.

"기업의 운명을 좌우하는 신이 있다고 가정하자. 그 신이 우리 회사가 죽지 않고 살아남아야 할 이유를 묻는다면 무엇이라고 답하겠는가?"

기업의 존재 이유, 즉 사명mission을 묻는 질문이다. 이런 질문에 자신 있게 대답할 수 있는 사람이 많으면 많을수록 그런 기업은 어려움을 극복하고 생존하게 되리라고 확신한다. 시험 결과, 평소 이런 이야기를 자주 했기 때문에 시원스럽게 답을 쓴 사람이 많으리라 기대했는데, 그러지 못했다.

고객 가치를 증대시킨다는 것

비용절감은 당장의 기업 생존과 직결된다. 그러나 비용절감을 한다고 기업의 생존이 보장되는 것은 아니다. 궁극적으로 기업의 생존과 지속은 고객 가치를 어떻게 높이는가에 달려 있다.

출판업체인 웅진씽크빅은 도서 방문판매사업을 근간으로 하여 일어선 회사이다. 2002년 대표이사로 취임해서 보니 방문판매사업 부문이 위기에 봉착해 있었다. 현장 영업책임자들의 말을 종합해보았더니 급격하게 영업비용이 증가해서 사업하기가 쉽지 않다는 이야기였다. 영업비용이라는 것은 판매 대리인을 모집해서 정착시키는 데 들어가는 비용과 고객 유치를 위해 사용하는 판촉물 비용 등을 말한다. 그들의 이야기가 신임 대표에게 엄살 부리는 것으로 보이지는 않았다.

그런데 다들 어렵다고 하는 가운데서 여수, 순천 지역은 유난히 실적이 좋았다. 실무 책임자를 보내서 그 이유를 살펴보게 했다. 보고를 요약하자면 "이 지역은 전집 도서를 판매하는 데서 그치는 것이 아니라 아이들이 제대로 책을 활용하도록 사후 관리를 하고 있다. 아이들을 사무실로 오게 해서 사후 독서 관리를 하는데, 그 자료를 스스로 만들어 사용하고 있다. 그래서 고객만족도가 높고 이후 판매 추천으로 이어지는 선순환 구조를 구축했다"는 것이다. 여기에 살 길이 있음을 직감했다.

판매 중심에서 사후 관리 중심으로 사업의 축을 옮기기로 결심했다. 이런 패러다임 변화의 필요성을 절감하지 못하는 현장 영업 책임자를 대폭 교체했다. 제대로 된 사후 관리 자료를 개발해 현장에 지급하는 한편 고객과 상담할 때 자료로 사용할 수 있는 독서 진단 프로그램을 개발하여 고객 접촉의 고리로 삼았다. 4년이 지나자 사업 단위당 매출 실적이 그전보다 2배 이상 늘었다. 그러면서도 매출 대비 판매비용 비율은 오히려 대폭 줄었다. 모두 살만해진 것이다.

고객 가치를 증가시킨다는 말을 이것저것 서비스를 늘리는 것으로 생각한다면, 그건 생존부등식을 좁게 보는 것이다. 고객이 느끼는 가치라는 것은 지불한 가격과 비교한 상대적 개념이다. 고객은 가격이 비싸지면서 이것저것 부가기능이 늘어나는 것을 가치의 증대로 보지 않는다.

어린이 한글 깨치기 시장은 H사가 시장을 선점하고 있었다. 이 시장에 뛰어들기 위해 H사 제품을 분석하고 취약해 보이는 부분을 대폭 개선해서 '한글 짝꿍'이라는 이름으로 시장에 제품을 내보냈으나 결과는 별무신통이었다. 고객들에게는 제품을 개선시키려고 회사가 노력한 것이 그다지 체감되지 않는 모양이었다.

고객 니즈를 다시 조사해보니 우리 생각과는 조금 달랐다. 학부모에게는 아이가 한글을 확실히 깨치는 것이 중요했다. 그러나 그 기간이 최대한 단기간이어야 한다고는 생각하지 않았다. 경쟁사 제품은 단기간에 한글을 깨칠 수 있도록 여러 가지 키트를 제공하기 때문에 초기 구입비용이 상당했고 이것이 고객에게는 부담이 되었다. 그러나 선도 주자가 시장의 규칙을 만들었기 때문에 후발 주자들은 으레 그러려니 하고 있는 상황이었다.

제품 기획팀은 경쟁사가 초기에 별도로 제공하던 키트를 매달 제공하는 상품 속에 최대한 포함시킴으로써 초기 부담 비용을 없애버리면서 매달 내야 하는 비용을 조금 높인 '한글 깨치기'를 출시했다. 그리고 이 제품은 아이들이 한글을 깨치는 기간이 조금 늘어날 수 있음을 인정하는 방향으로 콘셉트를 잡았다. 초기 구입 부담을 대폭 줄인 것이 고객에게 어필해서 출시 첫해 당당히 시장에서 자리를 잡았다.

이 사례에서 알 수 있듯이 가치 증대가 무조건 가치를 늘려야 한다는 의미는 아니다. 고객이 느끼는 가치는 고객이 지불해야 하는 가격과 철저하게 연동되기 때문에 적절한 가치를 추가하거나 빼면서 고객이 납득할 만한 가격을 찾아내는 것이 기업의 실력이다.

요약하자면 기업이 생존하기 위해 '비용 < 가격 < 가치'라는 부등식을 어떻게 해서든지 만족시켜야 한다. 이를 위해서 경영자가 해야 할 것은 비용을 줄이고 가치를 늘리는 일이다. 이런 활동의 요체는 다음과 같다.

1 비용절감이 장래 희망을 만드는 투자를 무분별하게 삭감하는 것이어서
는 안 된다.

2 기업이 망하는 것은 성공에서 비롯된 자만심이 그 씨앗이다. 운을 실력
으로 착각하지 말아야 한다.

3 뼈아픈 구조조정은 기업 생존을 위한 몸부림이다. 고통스러워 피한다
고 기업이 저절로 좋아지는 경우는 없다. 구조조정은 목적이 아니고 과정
이다. 절감된 자원을 필요한 곳에 투자하여 회생의 길을 만들어야 한다.

4 장기적으로 기업의 생존은 고객 가치를 증대시킬 수 있느냐에 달렸다.

필립 코틀러
31.8×40.9(cm) 캔버스 유화

3장

고객

필립 코틀러(1931~　)

필립 코틀러는 고객의 마음을 얻고 유지하는 활동인 마케팅의 프로세스를 다음과 같이 제시하였다. 경영자라면 이 프로세스를 항상 기억하고 있어야 할 것이다.

R → STP → MM → I → C

필립 코틀러에 의하면 효과적인 마케팅은 조사Research로부터 출발한다. 고객이 누구인지, 니즈는 무엇인지, 경쟁사는 어떠한지, 시장 동향은 어떤지를 조사하는 것이다.

조사 결과 시장은 각기 다른 욕구를 가진 소비자들로 세분화시켜 분류할 수 있게 된다. 이를 시장 세분화Segmentation라고 한다. 이렇게 세분화된 시장에서 기업은 경쟁자보다 탁월하게 능력을 발휘할 수 있는 시장을 찾아서 목표로 삼는다Targeting. 포지셔닝Positioning은 자사 상품이 경쟁 상품과 어떻게 다른가, 혹은 더 좋은가를 목표 고객의 마음에 인식시키는 활동이다. STP를 통해 기업의 마케팅 전략이 수립된다.

마케팅 믹스MM는 4P(제품, 가격, 유통, 촉진)를 결정하는 것이다. 실행을 위한 마케팅 전술을 수립하는 것이라고 할 수 있다.

그런 다음 마케팅 믹스를 실행Implementation하여 그 결과를 모니터하고 평가하는 통제Control 과정을 거친다. 필요하면 STP 전략이나 MM 전술을 수정한다.

고객의 마음에
든다는 것

•

•

•

앞 장에서 '기업의 운명을 좌우할 신이 있다'는 가정 아래 질문을 했다. 그런데 '신'은 아니지만, 기업의 운명을 좌우할 존재가 실제로 있다. 바로 고객이다.

고객님은 신처럼 오래 참으시거나 사랑으로 넘치는 그런 분이 아니다. 때로는 변덕스럽고 참을성도 없다. 가끔은 자기가 무얼 원하는지도 모르시는 것 같다. 무얼 원한다고 해서 갖다드리면 이게 아니라고 내치시는 경우도 흔하다. 그러나 고객님 비위를 맞추기가 힘들다고 불평해서는 안 된다. 그들은 기업의 생사를 결정하는 존재이기 때문이다.

제품만 잘 만들면 만사형통인가

처음 사업을 시작하는 사람은 제품만 잘 만들면 소비자가 알아서 찾을 것이라고 확신한다. 나도 편집기획자로 일하며 책을 만들 때 이런 생각이 가득했었다. 그런데 막상 책을 만들어놓고 보면 고객님들은 무엇이 좋은지 잘 모르는 듯했다.

오랜 기간 노력을 기울여 시리즈를 만들고 호평을 받았지만, 경쟁사가 우리 제품을 벤치마킹해서 유사한 제품을 내놓으면 고객님들은 그쪽에도 관심을 두었다. 오리지널과 카피를 잘 구별 못하시는 것은 아닌가 하는 의구심이 들었다. 분명 의미 있게 다뤄지고 읽혀져야 할 콘텐츠인데 외면받기도 하고, 그다지 알맹이 없는 내용의 책이 거품 같은 인기를 끌기도 했다. 좋은 책이 잘 팔리는 것이 아니라 잘 팔리는 책이 좋은 책이라는 소리를 듣기도 했다.

좋은 제품만 만들어내면 시장에서 소비자들이 저절로 사게 된다는 사고를 경영학에서는 '제품 중심 사고'라 한다. 미국의 자동차 산업을 일으킨 헨리 포드는 제품 중심 사고의 대표자라고 할 수 있다. 그는 컨베이어벨트 시스템을 도입하여 대량생산 체계를 갖추었기 때문에 값싸고 안전하며 좋은 자동차를 시장에 내놓을 수 있었다. 그가 자동차를 팔았다고 하는 것보다는 소비자가 그의 자동차를 사갔다고 하는 게 더 정확한 표현일 것이다.

그런데 제품 중심 사고에는 소비자의 근본 욕구를 제대로 살피지 못하는 문제점이 있다. "어떤 고객이든 원하는 컬러의 자동차를 가질 수 있습니다. 단, 원하는 색이 검정색이기만 하다면 말입니다"라며 포드는 농담처럼 말했다. 하지만 여기에는 소비자 마음을 헤아리지 못하는, 아니 헤아릴 필요가 없다고 생각하는 포드 자동차의 문제점이 고스란히 드러난다.

좋은 제품을 만들겠다는 의도가 잘못되었다는 것이 아니다. 핵심은 그 좋은 제품이 누구에게 좋은 제품인가 하는 점이다. 소비자 마음에 드는 게 아니라 개발자 마음에 드는 제품, 개발자가 잘 만들 수 있는 제품을 만들고자 하는 위험을 경계해야 한다는 의미다.

많이 팔면 무조건 오케이?

처음 들어간 출판사에서 참고서 교재를 만들었다. 그런데 영업부에서는 제품에 대해 불만을 토로하며 부정적인 얘기만 했다. 경쟁사보다 두껍고 비싸게 만들면 학생들이 싫어하고, 싸고 얇게 만들면 권당 판매마진이 적어서 서점이 싫어하며, 똑같은 분량과 가격으로 만들면 차별화되는 게 없어서 팔기 어렵다는 것이다. 판매가 부진했을 때 책임을 지지 않으려는 속셈이 보였다.

웅진출판으로 옮겨보니 이 회사는 분위기가 많이 달랐다. 예를 들면 〈어린이마을〉이라는 전집은 글, 그림, 사진을 전부 새롭게 창작했기 때문에 당시로서는 어마어마한 개발비가 들어갔다. 그러니 책값을 높게 책정할 수밖에 없었다. 웅진의 판매 매니저들은 이 문제를 대하는 자세가 남달랐다.

"책값 비싸서 못 사겠다는 건 핑계입니다. 고객이 자녀에게 필요한 책이라는 걸 확신하면 가격이 비싸도 사줍니다."

"책이 두껍다고 비싸고, 얇다고 싼 것은 아닙니다. 책의 가치를 결정하는 것은 내용이죠. 두껍다고 비쌀 것 같으면 전화번호부가 제일 비싸야 하지 않겠습니까."

"책값이 비싸면 비례해서 우리가 받는 커미션이 많아지니 좋지요."

그들은 이렇게 말하며 제품을 긍정적 시각으로 보았다. 당연히 판매에 적극적이었고 놀라운 판매실적을 올렸다. 한마디로 웅진출판은 판매력이 뛰어난 방문판매 중심의 회사였다. 판매 매니저들로부터 좋은 책을 만들어줘서 감사하다는 인사도 많이 받았다. 편집개발자에게는 책이 자식 같다. 자기 자식을 잘 소개해주면 어느 부모가 기쁘지 않을까. 오히려 편집자들이 판매 매니저들에게 감사하는 마음이었다.

유능한 판매원들은 소비자가 미처 알지 못했던 제품의 가치를 알려주어 고객만족도를 높인다. 때로는 제품에 충분히 만족하지 못한 소비자를 위해 별도의 유용한 정보 등을 제공함으로써 상품 전체의 가치를 높이기도 한다.

그러나 판매 중심 회사에도 문제는 있다. 판매비용이 만만치 않다는 점이다. 영업력을 갖춘 인재를 확보해서 교육하고 유지시키는 데 비용이 많이 들어간다. 이 비용은 결국 가격에 반영할 수밖에 없다. 제품을 우리 회사만 독점 공급할 수 있다면 고민할 것이 없겠지만 세상에 그런 제품은 없다. 그런 제품이 있다손 치더라도 독점 상태를 얼마나 유지할 수 있겠는가? 특히 도서의 경우 차별성을 부여해 제품을 독특하게 만든다 해도 한계가 있으며, 그 차별성 또한 오래 지속하기 어렵다.

일반적으로 판매 중심의 활동을 하면 판매관리비, 광고비, 판촉비가 많이 들어간다. 그러면 회사는 많이 팔아도 남는 게 없다. 그리고 실적을 위해 판촉활동에 치중하다 보면 고객에게 판촉물을 제공하지 않을 때 아예 판매가 되지 않는 부작용도 간과할 수 없다. 또 판매 중심으로만 사고를 하다 보면, 의도치 않게 판매를 강요하는 듯한 모습으로 비쳐져 고객에게 거부감을 불러일으키기 쉬운 것도 문제다.

고객을 위해서 일하지 말라

제품 중심의 사고로는 고객의 진정한 욕구를 파악하기 어렵다. 판매 중심의 사고는 고객이 제품을 사도록 만드는 데 집중하다 보니 비용부담이 크고, 구매를 강요하는 분위기로 인해 고객이 다른 회사로 옮겨갈 가능성이 커진다. 이런 부작용을 극복하기 위해 등장한 개념이 '고객 지향적 사고'다.

그렇다면 고객 지향적 사고란 어떤 것일까? 제품개발, 조달, 생산, 마케팅, 물류, 영업 그리고 마지막 A/S에 이르기까지 기업 내에서 이루어지는 모든 가치창출 활동이 고객을 중심으로 이루어질 때 고객이 만족한다는 개념이 바탕이 되는 사고다. 즉 '고객의 관점'에서 기업의 모든 가치창출 활동이 수행되고, 이러한 활동들이 전사적으로 통합 조정될 때 고객에게 높은 가치를 제공할 수 있다는 뜻이다. 고객 지향적 사고를 한다고 해서 제품을 잘 만들거나 잘 파는 일을 소홀히 한다는 뜻은 당연히 아니다. 둘 다 잘하되 고객의 관점에서 잘하자는 것이다.

세븐일레븐 재팬을 창립하여 일본 최고의 유통업체로 성장시킨 스즈키 도시후미 회장은 직원들에게 '고객을 위해서' 일하지 말라고 말한다. 고객만족이 중요한 요즘 같은 세상에 스즈키 회장은 왜 이런 말을 했을까?

'고객을 위해서'라는 말이 그럴듯하게 들리지만 대체로 거기엔 오해와 편견이 깔려 있음을 그는 지적한다. 대부분의 기업들이 파악한 고객의 니즈와 선호도는 과거의 경험을 토대로 만들어진 고정관념에 근거한다는 것이다. 말로는 고객을 위해서라지만 실제로는 판매하는 사람의 생각을 고객에게 강요하는 결과가 된다. 스즈키 회장이 염려한 건 바로 이 점이다.

그러면 어떤 자세로 일해야 하는가? '고객의 입장'에서 생각하며 일해야 한다고 말한다. 여기에는 자신의 과거 경험을 부정하고, 자신에게 불리한 일이라도 받아들여 실행에 옮기겠다는 자세가 담겨 있다. 많은 기업에서 고객만족도를 높이기 위해 새로운 시도를 하지만 성공하지 못 하는 경우가 많다. 그 이유는 고객 입장이 아닌 회사 입장에서 고객만족을 추진하기 때문이다.

고객 지향적 경영은 꽃길?

제품 중심의 사고와 판매 중심의 사고를 넘어서 고객 지향적 사고를 해야 한다는 원론적 주장에 이의를 제기할 사람은 없을 것이다. 그런데 '고객 지향적 경영'이라는 길이 즐겁게 갈 수 있는 꽃길인가? 유감스럽게도 그렇지 않다. 그 길은 가야 할 길임에는 틀림없지만 가시밭길이다. 헤쳐 나가야 할 난제가 하나둘이 아니다. 이를 제대로 수행하지 못하면 양두구육羊頭狗肉이라는 비난을 피하기 어렵다.

고객만족 경영을 하려면 먼저 조직의 구성원 모두가 고객을 열광시키는 것을 자기 행동의 목표로 삼는 조직문화가 형성되어야 한다. 이를 위해 경영자들은 직원들을 자기의 첫 번째 고객이라고 생각하고 이들을 만족시키려고 노력해야 한다. 만족하지 못한 직원이 고객을 만족시킬 수 없기 때문이다.

내부 고객을 어떻게 만족시킬 것인가라는 문제는 인재의 채용과 육성이라는 과제와 맞닿아 있으므로 추후 다른 장에서 생각해볼 것이다. 여기서는 직접적인 문제, 즉 고객과 직원의 이해관계가 정면으로 충돌하는 경우를 살펴보려 한다.

종업원을 비인격적으로 대하는 고객을 손님으로 받지 않았다는 어느 레스토랑의 정책은 어떤가? 대부분의 다른 기업에 일반화시킬 수 있는 것일까? 진상 짓을 하는 고객에 대해 종업원에게 어느 수준의 방어권을 줄 것인가? 기업의 사소한 약점을 빌미로 부당한 것을 요구하는 소위 '블랙 컨슈머'에 대해서는 어떻게 응대할 것인가?

넘어야 할 산이 많은데, 모든 문제를 풀어줄 마스터 키는 없다. 아니 있을지도 모르지만 나는 찾지 못하였다. 답답하지만 기업이 처한 입장을 반영하여 극단에 치우치지 않는 중용의 길을 마련하는 것이 경영자가 할 일이라는 일반론을 이야기할 수밖에 없다.

고객 지향적 경영을 하려면, 제도적인 측면에서는 고객과 접촉하는 직원들에게 제품과 고객에 관한 필요 정보를 제공하는 정보 시스템이 구축되어야 하는 것은 기본이다. 그리고 공자님 말씀 같지만 회사의 이익 기여도가 아니라 고객만족 실적에 따라 직원의 보수가 결정되게끔 고객만족과 보수체계를 연계시켜야 한다. 직원은 자기에게 유리한 길을 선택한다. 고객만족이 직원에게 이익이 되어야만 실제로 그 방향으로 움직인다. 그렇지 않으면 고객에게 불리하더라도 회사에 유리한 길을 갈 수밖에 없다. 회사에 미운털 박히면서 고객을 위할 직원이 어디 있겠는가?

'고객 지향적 회사'는 명분은 좋은데 실천하기가 쉽지 않다는 것을 느끼셨을 것이다. 현찰 주고서 어음 받는 느낌이 강하다. 내부 고객이 일하기 좋게 만들었는데 그들이 외부 고객만족에 소홀하면 어떻게 하나 염려가 안 될 수 없다.

이뿐 아니라 고객 지향적 경영은 비용도 만만치 않게 들어간다. 고객이 원하는 바를 알아야 하는데 이게 쉽지 않다. 혹자는 빅 데이터를 모으면 새로운 길이 열린다고 한다. 데이터를 수집하는 것도 처리하는 것도 다 돈이다. 그렇게 수집해서 추출한 결과가 쓸모없는 경우도 많다. 안 하자니 뒤처지는 게 두렵고 하자니 효과가 있을까 걱정이 앞선다.

고객 지향적 활동은 판촉활동에 비해 목표가 장기적이다. 성과가 금방 나지 않는다. 판촉활동의 부작용을 줄이겠다고 결심하면 단기 실적이 떨어지는 것을 각오해야 한다. 판촉활동과 고객 지향적 활동 둘 다 하자니 죽도 밥도 안 되는 것 같고 고객 지향적으로 가자니 생일날 잘 먹으려고 하다가 굶어죽는 꼴이 날 것 같아 걱정이다. 비유하자면 북극성을 향해 가자니 길이 없고, 길이 난 곳으로 가자니 낭떠러지다.

이런 것이 고객 지향적 경영과 관련하여 경영자가 풀어야 할 문제다. 원론적인 답은 사즉생死卽生이다. "죽고자 하면 살 것이요, 살고자 하면 죽을 것이다"라는 훌륭한 선배들의 말씀을 믿어볼 수밖에 없다. 고객이 기업의 운명을 좌우하는데 고객 지향적이지 않고서야 살아날 방법이 없지 아니한가.

마켓 3.0 시대에 고객이 기업에게 원하는 것

필립 코틀러는 기능이 좋은 제품을 개발하여 판매에 치중하는 시대를 '마켓 1.0'이라고 칭했다. 시대가 변하여 생산 과잉이 일어나고 소비자가 필요한 정보를 쉽게 획득할 수 있게 되었다. 그래서 기업은 기능뿐만 아니라 감성적 요소를 넣어 제품의 차별화를 시도하고 이를 통해 고객만족을 추구한다. 이 시대를 일컬어 '마켓 2.0'이라고 하였다.

그런데 고객은 이에 만족하지 않고 기업에게 영성spirituality을 요구하기 시작했다. 제품과 서비스에 하자가 없는 것만으로는 만족하지 않고 소비자가 선택한 회사가 자랑스러운 회사이길 요구하는 것이다. 모 항공사 사주 가족의 갑질에 대한 국민의 분노가 이를 그대로 보여주고 있다. 당신 회사의 서비스가 마음에 들지 않는 게 아니고 갑질하는 당신이 주인인 회사의 비행기를 타는 내가 자괴감이 든다는 것 아닌가. 이는 나를 부끄럽게 만들지 말라는 항의이다.

회사가 인류 보편적 가치에 어긋나는 행위를 하면 제품과 서비스의 품질이 아무리 좋더라도 언제든지 버릴 각오가 되어 있음을 보여준다. 이른바 '마켓 3.0' 시대가 도래한 것이다. (필립 코틀러는 최근 '마켓 4.0'의 콘셉트도 말하고 있는데 시장 트렌드 변화를 지적한 것은 수긍이 가지만 차원까지 달리 봐야 하는지는 의문이다.) 물론 지금도 마켓 1.0, 마켓 2.0이 공존한다. 그러나 큰 흐름은 두말할 것도 없이 소비자가 기업에게 영혼을 요구하는 마켓 3.0의 비중이 커져가는 쪽이다.

그런데 기업의 영성은 어디에 담겨 있는 것일까? 내세우는 것과 실제가 일치하는지는 따로 살펴봐야겠지만 외견상 기업의 사명, 비전, 핵심가치에 담겨 있다고 할 것이다.

기업의 사명 즉, 미션이란 기업의 비즈니스를 정의하는 서술이다. 회사가 존재해야 할 이유이자 기업이 가려고 하는 궁극적 목적지다. 유명한 가구 회사 이케아는 '많은 사람들을 위해 더 나은 일상생활을 창조하는 것'을 미션으로 한다. 구체적으로 말해 많은 사람들이 감당할 만한 가격에 잘 디자인되고 기능 좋은 가구를 공급하는 것이라는 의미를 담고 있다.

구글의 미션은 '세상의 모든 정보에 쉽게 접근해 그것을 사용할 수 있도록 하는 것'이라고 하였다. 기업의 존재 이유가 잘 드러나 있다. 그런데 정말 중요한 것은 멋진 미션 문구가 아니다. 미션을 실현하려는 진지하고 꾸준한 노력에서 고객은 영성을 느낀다는 것을 기억해야 한다.

비전이란 기업이 나아가야 할 미래의 모습이다. 회사가 미션을 추구하기 위해 노력하면 5년 후, 10년 후에 어떤 모습이 되어 있을지를 구성원들에게 미리 보여주는 것이 비전의 용도다. 큰 그림을 알면 각자 무엇을 해야 하는지 일일이 말해주지 않아도 잘 알아서 하게 된다.

이처럼 미션과 비전은 밀접하게 연관되어 있다. 하지만 우리나라에서는 비전이 미션과의 연계성 없이 대주주의 욕심이 투영되어 직원들로부터 외면받는 경우가 많다. 직원들의 무한 노력을 강조하기 위해 만들어진 듯한 '글로벌', '세계 1위', '최고 수익성' 등의 비전 문구는 분명 영성과 거리가 멀다는 느낌이다.

기업의 핵심가치는 직원들이 자사의 미션에 따라 살도록 가이드라인을 설정하는 공유가치다. 직원들의 공동행동을 통해 기업문화가 만들어지는데, 그 행동 기준이 핵심가치다. 3M의 경우 직원들은 눈치를 보지 않고 일정 근무 시간을 활용해 자기가 하고 싶은 프로젝트를 할 수 있다. 이는 창의성이 핵심가치라는 것을 보여준다.

출판사를 예로 들어보자. 큰 출판사는 인쇄소에 대해 대체로 갑의 위치에 있다. 내가 몸담았던 회사는 의논하러 온 인쇄소 직원에게 밥을 사주는 전통이 있었다. 동지인 협력사에게 '갑질'하지 않는다는 행동 기준이 세워진 것이다. 아동용 책자는 친환경적인 콩기름 잉크를 사용하여 인쇄를 한다는 원칙도 핵심가치를 반영한 것으로 볼 수 있다.

바람직한 핵심가치가 실제로 작동해야 기업의 영성이 살아 있게 된다. 액자 속에 멋진 비전, 미션, 핵심가치를 걸어놓았다 해도 그것이 구호에 그친다면 무슨 소용인가. 그런 기업이 마켓 3.0 시대에 살아남기란 불가능할 것이다.

고객의 마음에
남기는 것

●

●

●

고객이 하루에 만나는 상품의 수는 어느 정도일까? 우리가 예상하는 것보다 훨씬 더 많다고 《포지셔닝POSITIONING》의 저자 잭 트라우트와 앨 리스는 알려준다. 대형 마켓에 진열된 품목이 40,000개가 넘는데 일반인이 통상 사용하는 어휘 수가 8,000단어 수준이라고 하니 어느 정도인지 짐작이 갈 것이다.

그런데 고객은 모든 상품을 일일이 비교 검토해서 고르지 않는다. 대부분 마음속에 선택하려는 상품이 미리 자리 잡고 있었기 때문에 습관적으로 선택한다. 고객 마음속에 확실하게 자리 잡지 못하면 기업이 생존하기 어렵다는 것은 길게 말할 필요가 없다. '우리 회사의 상품이 고객님이 선택하실 만하다는 것', '상품을 잘 모르시더라도 우리 회사에서 만들었다면 믿을 만하지 않겠는가'라고 어필하는 것은 기업의 생사가 걸린 활동이다.

고객 마음속에 자리 잡으려는 이런 노력은 좀 거칠게 말하자면 스토리와 디자인을 통해 고객에게 어떤 이미지를 남김으로써 완성된다. 고객에게 남기려는 이미지 또 고객들이 인지하는 이미지를 '브랜드'라고 한다. 따라서 경영자는 기업의 스토리 형성에 깊은 관심을 가져야 하며 디자인 철학 정립에 중추 역할을 해야 한다. 이런 면에서 경영 활동의 목적은 고객에게 자기 회사에 대해 어떤 것을 기대할 수 있다는 확신을 주는 브랜드를 키워가는 것이라고 정의해도 좋을 것이다.

스토리는 힘이 세다

드라마 〈대장금〉의 한 장면을 보자. 장금이가 수라간 최고 상궁을 가리는 경연에서 왕께 음식을 올리며 한 말이다.

"산딸기는 어머니가 돌아가실 때 제가 마지막으로 먹여드린 음식입니다. 다치신 채 아무것도 드시지 못한 어머니가 너무 걱정스러워 산딸기를 따, 혹 편찮으신 어머니가 드시지 못할까 씹어서 어머니의 입에 넣어드렸습니다. 어머니께서는 그런 저의 마지막 음식을 드시고 미소로 화답하시고는 떠나셨습니다.

전하께서는 만백성의 어버이십니다. 비록 미천한 것을 먹고도 미소로 화답해주셨던 제 어머니처럼 만백성을 굽어살펴주시옵소서. 저는 어머니를 걱정하는 마음으로 전하께 음식을 올렸습니다."

수라간 최고 상궁을 가리는 경연에 올라온 음식은 어느 것 하나 대단하지 않은 게 없다. 어느 것을 선택하는가는 음식 자체의 우열보다는 왕 개인의 기호에 달린 일이다. 그러나 장금이의 말을 듣고 나면 사정이 달라진다. 장금이가 만든 음식을 선택하지 않으면 왕은 만백성의 어버이가 되는 것에 관심이 없는 것 같은 모양새가 된다. 스토리의 힘이다.

'슈퍼스타 K'와 같은 음악 오디션 프로그램만 해도 그렇다. 우승자를 결정하는 데는 가창력 이상으로 그 인물의 스토리가 작용하는 것을 우리는 알고 있다. 그걸 아는 시청자들 역시 스토리에 감정을 이입해 자신도 모르게 인물에 대한 호불호가 생긴다. 경영자는 고객들이 감동받는 스토리를 써 나가는 집필자가 되거나 감독이 되어야 한다.

아마존에 비싼 가격으로 인수된 자포스의 이야기도 많은 것을 시사한다. 다음은 어느 고객이 블로그에 올린 글인데 많은 사람들에게 감동을 주었다. 그리고 자포스의 가치가 높게 평가된 이유를 간접적으로 말해주고 있다.

나는 얼마 전, 몸이 아픈 어머니를 위해 자포스에서 신발을 구입했다. 그런데 신발을 구입한 지 얼마 안 돼서 어머니의 병세가 악화되어 돌아가셨다. 그 뒤, 뒷정리로 분주할 때 자포스로부터 한 통의 메일을 받았다. 구입한 신발이 잘 맞는지, 마음에 드는지 묻는 메일이었다. 상실감에 빠져 있던 나는 겨우 정신을 차리고 답장을 보냈다.

"병든 어머니께 드리기 위해 구두를 샀던 것인데 어머니가 그만 돌아가셨습니다. 갑작스런 일이어서 구두를 반품할 기회를 놓쳤습니다. 그렇지만 이제 어머니가 안 계시니 반품을 하고 싶습니다."

그러자 곧바로 자포스에서 답장을 보내왔다. 택배 직원을 우리 집으로 보내 반품 처리를 해주겠다며 걱정하지 말라는 내용이었다. 또한 그다음 날 나는 한 다발의 꽃과 카드를 받았다. 어머니를 잃고 슬픔에 빠진 나를 위로해주기 위한 자포스의 선물이었다.

이런 호의에 고객은 어떤 감동을 받았을까? 다른 사람들에게 자포스를 기꺼이 추천하고 싶지 않겠는가? 아주 감동적인 일화이다. 그런데 자포스의 힘은 이렇게 고객을 감동시키는 데만 있는 건 아니다. 고객에게 위로의 꽃다발을 보내는 결정을 일일이 윗사람의 지시를 받지 않고 일선 직원이 할 수 있다. 바로 이것이 눈에 보이지 않는 자포스의 실력이다.

이런 권한을 일선 직원에게 부여할 때 관리자의 걱정은 '직원의 권한 남용'이다. 그러나 자포스는 직원 재량으로 고객에게 꽃을 보낼 수 있게 하더라도 돈이 줄줄이 새나갈 염려를 하지 않아도 되는 회사다. 신뢰의 문화가 있음을 이 스토리는 조용히 그리고 확실하게 말해준다. 이런 스토리를 갖고 있는 기업은 고객으로부터 사랑받을 수밖에 없다.

좋은 스토리는 기업 문화에서 비롯된다

좋은 스토리는 좋은 창업 정신과 기업 문화에서 비롯된다. 좋은 스토리는 의도적으로 만들겠다고 해서 만들어지는 것이 아니라 진정성이라는 토양에서 나온다. 의도적으로 만들어진 스토리는 속임수다. 속임수가 오래 갈 수 없다. 경영자는 아름다운 스토리가 탄생할 수 있도록 창업 정신을 지켜나가고 좋은 기업 문화를 만들어야 한다. 그 길은 그럴듯한 것을 적당히 흉내 내서 갈 수 있는 것이 아니다. 나의 선한 의도를 악용하려는 사람을 견뎌야 하며 믿는 도끼에 발등 찍힐 각오를 해야만 갈 수 있는 길이다. 그리고 그 과정이 여러 차례 반복되어야 비로소 스토리로 자리 잡는, 험난한 길이다.

'사람이 미래'라고 홍보하는 기업그룹이 있었다. 그들이 믿고 있는 가치관을 표현했을 것으로 짐작한다. 많은 사람이 호감을 가졌다. 그런데 해당 그룹 계열사 중 하나가 신입사원까지 포함된 구조조정 계획을 발표하였다. 얼마나 다급했으면 그랬을까 하는 안타까움이 있지만 결과적으로 '사람이 미래'라고 하는 가치관에 대해 의심을 품게 만들었다. 남의 회사 사정 잘 모르면서 쉽게 하는 판단일지 모르겠지만 적어도 신입사원은 구조조정 대상에서 제외하는 것이 좋았을 것 같다.

1982년 일어난 타이레놀 독극물 사건은 우리에게 많은 것을 시사해준다. 정신질환 병력을 가진 사람이 타이레놀에 독극물을 주입해서 여섯 명이 사망한 사고가 발생하자 미국 FDA에서는 사고가 난 시카고 지역에 배포된 제품을 회수할 것을 제약사에 권고했다. 그러나 짐 버크 존슨앤드존슨 회장은 모방범죄에 의해 단 한 명의 소비자라도 피해를 봐서는 안 된다는 생각에 미국 전역에 유통된, 1억 달러의 문제 없는 제품까지도 회수·폐기하였다. 짐 버크 회장이 FDA의 권고대로 시카고 지역의 제품만 회수했으면 타이레놀 스토리는 탄생하지 않았을 것이다.

제대로 된 스토리는 자랑거리가 있다고 만들어지는 것이 아니다. 자기 신념을 지키기 위해 희생을 각오할 때 만들어진다는 것을 알아야 한다. 여기서 중요한 것은 절대로 스토리를 꾸며내서는 안 된다는 점이다. 고객에게 감동을 더하려고 스토리에 MSG를 치는 일도 삼가야 한다. 요즘같이 SNS가 발달된 시대에는 주목받는 스토리가 등장하면 반드시 누군가가 팩트 체크를 한다. 거짓과 과장이 들통나는 날에는 상상할 수도 없는 커다란 분노의 쓰나미를 맞게 된다는 것은 우리가 이미 경험한 바이다.

기업의 영혼을 담는 그릇, 디자인

스토리와 함께 기업이 고객에게 사랑받기 위해 경영자가 신경을 써야 할 분야를 꼽는다면 그것은 디자인이다. 고객으로부터 선택을 받는 확실한 길은 우리의 제품과 서비스가 'Only One'이 되는 것이다. 디자인이 상품과 서비스를 'Only One'으로 만들어줄 가장 유력한 길이라고 생각한다면 디자인에 대한 생각을 바꿔야 한다. 전문적인 분야라고 디자이너에게 맡겨두면 되는 일 정도로 생각해서는 안 될 것이다.

시간이 지나 제품의 성능이 비슷비슷해지면 디자인 외에 차별화시킬 포인트가 별로 없다는 것을 경영자는 깨닫게 된다. 디자이너가 알아서 예쁘게 만들면 될 것 아닌가 생각할 수 있겠지만 단순한 겉모양 꾸미기로 차별화가 되는 것이 아니다. 남다르게 만든다고 해도 왜 그렇게 만들었는지 설명을 할 수 있어야 진정한 차별화가 이루어지는데, 남다르게 만든 이유 내지 근거는 기업이 지향하는 목적 내지는 경영자의 가치관에서 나오기 때문이다.

또 매번 예쁘게 만들 것을 강조하다 보면 전체적으로 제품의 일관성을 상실하는 경우도 많다. 개별 제품을 최선을 다해 예쁘게 만드는 것보다는 전체적으로 통일성과 일관성을 갖고 있으면서 개별 제품의 개성이 드러날 때 훨씬 더 고객에게 어필한다. 이 일관성은 디자인 철학에서 비롯되는데, 이는 경영자의 관점을 디자이너가 형상화한 것이라고 생각하면 된다.

삼성의 갤럭시 폰과 애플의 아이폰 TV 광고를 살펴보자. 애플은 아이폰을 가지고 무엇을 할 수 있는지를 보여주는 데 비해 삼성은 갤럭시 폰이 얼마나 기술적으로 뛰어난지, 모양이 얼마나 매끈한지를 보여주는 데 집중한다. 이것은 상징적으로 두 회사의 제품을 보는 시각과 디자인 철학의 차이를 드러낸다.

이러한 입장 차이를 결정하는 것은 디자이너의 몫이라기보다는 경영자가 감당해야 할 몫이다. 디자인에 차이가 생기는 근본 뿌리는 기업의 미션과 비전의 차이에서 비롯된다. 그리고 기업의 미션과 비전에 대해 가장 크게 책임을 지고 있는 사람이 경영자라는 건 두말할 필요가 없다. 그래서 경영자는 '디자인은 회사의 영혼을 담는 그릇'이라는 의식을 가지고 있어야 하는 것이다.

디자인에 관해 한 가지 덧붙일 말이 있다. 디자인을 외적인 아름다움을 표현하는 것으로 국한시켜 보지 말라는 것이다. 디자인은 서비스에도 적용된다. 아름답고 군더더기 없이 물 흐르는 것 같은 서비스는 고객에게 감동을 준다.

정수기 사업을 하던 계열사에서 있었던 일이다. 사장실로 고객

불만이 접수되었다. 서비스 요원이 추가 서비스를 한 것이 발단이 되었다. 비데를 청소하고 나서 서비스로 정수기를 청소해준 것이다. 정수기를 청소한 후 비데를 청소했으면 감사받을 일인데 순서가 바뀌어서 문제가 된 것이다. 사소한 일 같지만 이런 것도 서비스 디자인 문제로 보아야 한다고 생각한다.

경영자로서 디자인 감각을 키우는 방법은 여러 가지가 있다. 그중 경험을 바탕으로 몇 가지를 소개하려고 한다.

우선은 자기 '업의 가치'를 확고히 아는 것이다. 그리고 그것은 누구에게나 언제든지 설명할 수 있도록 정리되어 있어야 한다. 일류 의상 디자이너를 만나서 옷을 맞출 때를 예로 들어보자. 먼저 샘플을 보여주면서 "이렇게 만들어주세요"라고 하지는 않을 것이다. 맞추려는 옷은 주로 어떤 일을 하거나 어떤 사람들을 만날 때 입게 될 것이고, 그때 나는 이런 모습으로 보였으면 좋겠다 등등의 이야기를 먼저 나누지 않겠는가?

이런 요구가 분명할수록 멋진 옷이 만들어질 가능성은 커진다. 업의 가치도 마찬가지다. 내가 이 일을 왜 하려고 하며 무엇을 소중하게 생각하고 있고 고객들은 나의 무엇을 좋아하는지, 내가 하는 일에 어떤 의미가 있는지 등이 업의 가치에 담겨 있다. 이를 조리 있게 설명할 수 있어야 이를 납득한 디자이너가 영혼이 있는 디자인을 할 수 있게 된다.

그다음은 좋은 것을 많이 보고 경험할 것을 추천한다. 내가 아는 모 건설회사 사장은 젊은 시절부터 해외 출장을 가면 다른 것은 다 아껴도 호텔은 좋은 곳에서 묵는다고 하였다. 호강하며 사치를 누리기 위해서가 아니다. 건설업 종사자로서 일류 호텔의 인테리어와 서비스를 체험하는 게 꼭 필요하다고 판단했기 때문이다. 남들이 좋다 하는 것을 의식적으로 경험하고 좋은 이유를 나름대로 파악하는 것은 디자인 감각을 키우는 좋은 공부 방법이다. 음악이든 미술이든 무엇이든 높은 수준의 작품을 자주 접하면 좋다. 오감으로 경험한 것만큼 확실한 것은 없으니 말이다.

또 다른 방법은 생활 속에서 경험하는 아름답지 못한 것, 불편한 것을 의식적으로 찾아내고 고치려고 노력하는 것이다. 비뚤게 붙어 있는 포스터, 틀린 글자, 알아보기 힘든 안내지도, 낡은 간판, 의미 전달이 잘 안 되는 유적지의 소개글, 산만한 웹 페이지 등을 보면서 어떻게 고치면 좋겠는지를 생각해보는 것이 디자인 감각을 키우는 데 유용하다. 질서가 있고 편안한 것이 아름다운 것이다.

고객의 마음에 남기는 것, 브랜드

디자인과 스토리를 통해서 회사가 하고자 하는 것, 추구하는 가치를 고객에게 전달하면 고객은 자기 경험 속에서 회사가 하는 말의 진정성을 필터링하여 그 회사에 대한 어떤 이미지를 갖게 된다. 그것을 브랜드라고 한다. 한마디로 브랜드는 회사가 고객에게 약속하는 것과 고객이 회사에 기대하는 것의 교집합이다. 생사여탈권을 쥐고 있는 고객에게 우리 회사는 이러저러한 회사니까 선택해도 후회하지 않을 것이라는 확신을 심어주는 것이 '브랜드 구축'이다.

웅진씽크빅은 교육 서비스 기업이다. 나는 이 회사의 대표이사로 취임하면서 교육의 지향점을 지식적인 측면과 인성적인 측면 두 가지로 나누어서 정리했다. 다음은 취임사의 일부분이다.

먼저, 지식적인 측면에서의 교육의 목표는 미래를 이성적으로 예측할 수 있는 예견력과 새로운 문제를 창의적으로 해결할 수 있는 사고력을 배양하는 데 있다고 생각합니다.

앞으로 세상은 점점 더 빠르게 변화할 것입니다. 그 변화의 방향을 제대로 예측하지 못한다면 변화의 중심에 서지 못할 것은 분명합니다. 한편 우리의 앞날에는 우리가 미처 생각하지 못한 여러 문제가 일어날 것이 확실합니다. 그런데 문제가 무엇인지 모르니 해답을 가르칠 수 없다는 데 어려움이 있을 것입니다. 따라서 이성적 예견력과 창의적 사고력을 배양하는 것이 교육의 주요 목표가 되어야 할 것입니다.

인성적인 측면에서 교육의 목표는 교육을 받는 사람들이 자기가 누구인지를 깨닫는 것, 즉 자존의 자각에 있다고 생각합니다. 자기가 누구이며, 주변 사람들로부터 어떻게 인식되고 있고, 자기가 해야 될 역할이 무엇인지를 깨달을 수 있다면, 그래서 자기는 세상에 하나밖에 없는 귀한 사람이고 다른 사람도 마찬가지로 귀한 존재이기에 서로 존중해야 한다는 것을 안다면 이 세상은 좀더 살만 한 곳이 될 것입니다.

이와 같은 방향을 추구하는 것을 '바른 교육'이라고 개념화하였다. 바른 교육의 결과로 아이들이 '큰사람'이 되길 바란다는 것이 교육서비스 기업으로서 웅진씽크빅이 고객에게 어필해야 하는 기업 브랜드의 핵심 내용이라고 생각했다. 그래서 다음과 같은 메시지를 라디오 광고를 통해 전달하면서 메시지 끝에 '바른 교육, 큰사람. 교육전문기업 웅진씽크빅'을 붙였다.

캠페인 효과는 기대한 것 이상으로 컸다. 회사가 전하려는 것을 고객이 이해해주었고, 믿을 만한 회사로 인정해주신 것이다. 브랜드 구축의 예로 봐주시면 고맙겠다.

나눔

더하기, 빼기, 곱하기 다음에 나누기를 배우는 건 그만큼 어렵기 때문이지요. 하지만 마음의 나눔은 쉽게 할 수 있는 보람 있는 일이라는 걸 아이에게 가르쳐주세요.

긍정형

"길에서 한눈 팔지 말랬지!"

부정형의 명령은 아이를 반항적으로 만들 수 있습니다.

"앞을 잘 보면서 걸어야지"라고 긍정형으로 말해주세요.

꾸지람

"이거 민수 네가 그랬지? 너 정말!"

자녀에게 화가 날 때 1분만 참아주세요.

그리고 잘못된 행동만 바로잡아주세요.

감정에 치우친 꾸지람은 상처만 남길 뿐입니다.

받아쓰기

"받아쓰기가 70점이 뭐니? 이걸 왜 틀려?"

많은 글자 중 단지 받침 몇 개만 틀렸을 뿐입니다.

격려와 칭찬을 먼저 해주세요. 다음엔 더 잘할 겁니다.

코풀기

"자, 흥~ 해, 흥~"

옛날 어른들은 아이가 콧물을 풀 때조차 흥할 '흥'자를 쓰셨습니다. 말의 힘을 믿으셨기 때문이지요.

어머니, 한마디 말에도 사랑과 축복을 담아주세요.

가성비 높은 광고와 홍보 집행법

경영은 어떤 면에서는 고객님에게 우리 회사는 이런 회사이기 때문에 사랑받을 만한 회사라는 것을 보여주는 활동이다. 보통 제품을 알리는 데 중점을 두면 광고, 회사 이미지 제고에 중점을 두면 홍보라고 한다. 그런데 항상 부딪히는 문제는 광고, 홍보비를 마음 놓고 쓸 수 없다는 점이다. 돈에 여유가 있다고 해도 마구잡이로 쓸 일은 아니다.

광고만 하면 제품이 팔리는 걸로 알지만 현실은 그렇지 않다. 실제로 매출액이 광고비에 못 미치는 경우가 허다하다. 신제품이 출시될 때마다 광고를 할 수도 없고 그렇다고 그냥 출시하자니 아무도 주목하지 않을 것이 뻔히 보인다. 경영자는 이런 문제에 대해 나름대로 판단과 대책이 있어야 한다.

광고, 홍보에 대해서 상식적인 경험 몇 가지를 정리해보면 다음과 같다.

1 대중적인 제품에 대해서 광고를 집행하는 것이 좋다. 비싸거나 고객이 한정되어 있는 제품은 광고 가성비가 크게 떨어진다.

2 광고를 보는 고객을 특정할수록 광고 소구력이 커진다. 예를 들면 '45세 커리어 우먼, 자녀는 초등 2학년 여자, 일에 치여 자녀를 돌봐주지 못해서 미안해함, 남편은…' 이런 식으로 고객을 생생하게 그릴수록 호소

력 있는 광고가 만들어질 가능성이 크다. 너무 많은 것을 말하려고 하거나 너무 폭넓은 대상에게 어필하려다 보면 메시지가 두리뭉실해서 호소력이 떨어지는 것을 피하기가 어렵다.

3 경영자는 세부적인 크리에이티브에 대해서 언급하지 않는 게 좋다. 그건 전문가의 영역이다. 광고는 경영자를 만족시키려고 만드는 게 아니다.

4 자사의 유명한 상품의 후광을 이용해 신상품을 알리려는 심리는 당연한 것이지만 이를 남용하면 자칫 오리지널 상품의 정체성이 흐려진다는 것을 꼭 기억해야 한다.

5 잘 알려진 상품이라도 소비자의 기억을 환기시키는 최소한의 광고는 필요하다. 이런 광고는 경쟁자의 진입장벽을 높이는 부수 효과도 있다.

6 홍보는 진실성과 일관성, 꾸준함이 생명이다.

고객에 대해 중요한 점을 정리하면 다음과 같다.

1 고객은 기업의 생사를 쥐고 있다. 고객 지향적 회사는 고객을 위해서 일하는 것이 아니고 고객의 입장에서 일한다.

2 고객은 좋은 품질, 좋은 서비스만을 요구하는 것이 아니라 기업에게 영성을 요구한다. 영혼이 있는 기업, 자랑스러운 기업이 되어달라는 것이다.

3 고객에게 사랑받는 기업이 되기 위해 기업은 고객이 선택할 만한 가치가 있다는 것을 증명해야 한다. 기업은 미션과 비전과 핵심가치에 이를 담는다. 무엇보다 진정성이 있어야 한다. 스토리와 디자인은 이를 고

객에게 전달하는 중요 수단이므로 경영자는 반드시 관심을 가져야 한다.

4 고객이 기업에게 기대하는 것과 기업이 고객에게 약속하는 것의 교차
점이 브랜드이다. 고객을 향한 기업의 활동은 고객 마음에 어떤 브랜드
로 자리 잡는가로 성패가 드러난다.

마이클 포터
31.8×40.9(cm) 캔버스 유화

4장

경쟁

마이클 포터(1947~)

마이클 포터 교수가 제시한 경쟁전략의 내용 중 이해가 되지 않는 것은 별로 없었다. 그러나 막상 그의 이론을 경영 현장에 접목하려고 했을 때 쉽지 않았던 것, 그래서 제대로 적용하지 못한 것은 '트레이드 오프 trade-off' 개념이었다.

경쟁우위는 모든 것을 다 잘한다는 데서 생겨나지 않는다. 고객에게 어필할 가치에 집중하고 그와 관계없는 것은 포기하는 데서 생겨난다. 예를 들면 사우스웨스트항공은 고객에게 확실히 낮은 가격을 제시하기 위하여 원가 상승요인이 되는 기내식 제공, 여행사를 통한 티켓 판매, 고급 종이에 하는 티켓 인쇄 등을 하지 않았다. 정비를 쉽게 하려고 한 가지 기종만 고수하였고 항공기 회전율을 높이려고 단거리 직항만 고집하였다. 여기서 얻는 교훈은 '트레이드 오프' 즉, 무엇을 얻기 위해서는 다른 것들을 포기할 줄 알아야 한다는 것이다.

현실에서는 무엇을 하겠다는 것은 지지를 받지만 무언가를 포기한다는 것은 소극적이고 무능하다는 인상을 주기 쉽다. 그리고 포기를 통해서 확보한 자원을 경쟁우위를 확보하는 데 집중 투입해야 하는데, 그런 전략 선택에 대한 확신도 자주 흔들린다. 그리고 포기한 부문에서 나오는 불만을 잠재울 설득력도 부족하다. 그런 까닭에 '트레이드 오프'를 제대로 해서 경쟁우위를 확보하는 것은 어느 경영자에게도 만만치 않은 일이라 생각한다.

경쟁우위가 없으면
경쟁하지 마라

•

•

•

기업들은 고객의 마음에 들고자 노력하지만 안타깝게도 '나 홀로' 게임은 없다. 현대 경영의 세계에서는 고객 마음을 사로잡고자 하는 존재가 하나 둘이 아니기 때문이다. 이들 사이에 벌어지는 고객 마음 빼앗으려는 노력을 '경쟁'이라고 한다.

경쟁은 힘든 일이다. 그러다 보니 경영자들은 경쟁 없는 '블루 오션'이라는 말을 들으면 솔깃해진다. 그러나 블루 오션인 줄 알고 가보면 이미 대부분은 레드 오션이 되어 있다. 더러 경쟁자가 없는 곳이 있기는 하지만, 그곳은 당장 먹을 것이 없다는 게 문제다.

어찌저찌 경쟁에서 이겼다고 해도 마음을 놓을 수는 없다. 승리의 기쁨을 제대로 맛보기도 전에 이전보다 훨씬 크고 강한 상대를 새로이 맞닥뜨려야 한다. 경쟁에서 이기면 체급이 달라지기 때문에 더 강한 상대가 경쟁자로 등장할 수밖에 없다. 이것이 경쟁의 현실이고 경영자는 이 경쟁을 이끌고 나가야 하는 지휘관이다.

경쟁에 영향을 미치는 다섯 가지 요인

마이클 포터 교수는 경쟁 전략을 연구한 대표적인 학자이다. 그는 많은 사람들이 같은 제품이나 서비스를 제공하는 라이벌 기업에만 주목하고 있을 때, 경쟁을 더 넓은 관점에서 봐야 기업이 생존의 길을 찾을 수 있다고 했다. 그가 기존 경쟁자 외에 주목한 네 가지 요인은 다음과 같다.

대체품

다른 산업에서 제공되는 제품이나 서비스로 기존의 제품 서비스를 대체하는 것이다. 나는 전에는 대구나 광주에 출장을 갈 때 항공편을 이용했으나 지금은 KTX를 탄다. 말하자면 고속 철도가 항공편의 대체품 substitute이다. 경영자들은 자사 상품, 서비스의 대체품이 될 수 있는 것이 등장하는지 예의주시해야 한다.

구매자와 공급자

우리 회사에게 생산에 필요한 원료나 부품, 인력 등을 제공하는 주체가 공급자supplier이고 생산한 물건이나 서비스를 사가는 주체가 구매자buyer이다. 예를 들면 조선사에게는 배를 만드는 데 필요한 철판을 제공하는 철강회사가 공급자이고 해운회사가 배를 사가는 구매자이다. 이들과의 교섭력이 어떤가에 따라 조선사의 수익은 달라질 수밖에 없다. 경영자는 구매자와 공급자에 대한 교섭력을 강화시키기 위해 노력해야 한다.

잠재적 경쟁자

잠재적 경쟁자new entrants는 지금은 경쟁자가 아니지만 조만간 경쟁자로 등장해서 자사를 위협할 가능성이 큰 존재를 말한다. 경영자는 경쟁을 줄이기 위해 자기 산업 분야에 신규 진입자가 쉽게 들어오지 못하도록 진입 장벽을 쌓는다. 대표적인 방법이 R&D에 투자하여 기술적 우위를 확보하는 것과 적절한 광고비를 투입하여 기업의 브랜드를 확보하는 것이다. 기술과 브랜드가 없는 회사가 시장에 진입하기 어려운 것은 당연하다.

회사의 규모가 작을 때는 라이벌 기업에 잘 대응하는 것만으로도 어느 정도 경쟁을 헤쳐 나갈 수가 있다. 가령 동네에 새 미용실이 생겼다고 하자. 기존의 미용실은 새로 생긴 미용실보다 잘하기만 하면 경쟁에서 이길 수 있다. 그러나 미용실이 전국적 체인을 갖는 규모가 된다면 이야기가 달라진다. 헤어 디자이너 수급 문제부터 패션 트렌드까지 고려해야 할 것이 하나둘이 아니다.

경쟁 규모가 커지고 심화되면 경쟁을 입체적으로 고려해야 한다고 마이클 포터는 지적한다. 즉, 경쟁한다는 것은 대체하기 어려운 제품과 서비스를 만들어야 한다는 것이며 아무나 쉽게 진입하지 못하도록 기술과 인지도 측면에서 진입 장벽을 쌓아야 한다는 것이다.

경쟁우위를 창출하기 위한 전략

경쟁우위가 없으면 경쟁하지 말라고 잭 웰치는 말한다. 맞는 말이다. 경쟁자와 비교해서 우위를 점하는 것이 없으면 싸움에서 이길 방도가 없다. 요행을 바라고 무모한 싸움을 할 수는 없잖은가.

마이클 포터는 경쟁우위를 확보하기 위한 본원적 전략으로 원가 우위 전략, 차별화 전략, 집중화 전략을 제시한다. 이 중 핵심적인 것은 앞의 두 가지다. 고객들 입장에서 보면 제품의 가격이 싸든지 아니면 비싸지만 독특한 매력과 가치가 있어야 구매를 한다. 기업이 둘 중 어느 쪽으로 갈 것인가를 고민해서 선택한 길이 그 기업의 경쟁 전략이 된다.

그런데 현실은 그렇게 단순하지 않다는 것이 문제다. 내가 만나본 대부분의 경영자들은 자신의 기업은 '차별화 전략'을 취한다고 말하였다. 아니, 원가 우위 전략을 취한다는 경영자를 만나본 적이 없다. 원가 우위 전략을 취하기에는 우리나라 상황이 예전과 많이 달라졌기 때문일 것이다. 중국의 샤오미가 우리나라 기업 제품의 반도 안 되는 가격으로 상품을 출시하는 걸 보면, 어느 분야든 간에 원가 우위 전략이라는 것이 얼마나 가기 어려운 길인지 충분히 납득이 된다.

그렇다면 차별화 전략은 추진할 만한가? 그것도 만만치 않다. 차별화 전략은 경쟁자와 비교해 독특하다고 인식될 수 있는 그 무엇을 창조하여 고객의 선택을 받자는 것이다. 단지 독특하고 달라서는 안 되고, 고객에게 매력적으로 어필해 마음을 사로잡아야 한다. 그러자면 차별화에 추가 비용이 들어간다. 이 비용을 능가하는 가격을 받을 수 있어야 비로소 차별화 전략이 유효하다고 할 수 있는데, 가격을 비싸게 받아도 될 만큼 매력 있게 만드는 것이 결코 쉽지 않다.

핵심은 가격이 아니다. 가격보다 높은 고객 가치를 실현할 방법이 있는가 하는 점이고, 가격보다 비용을 낮출 수 있는가 하는 점이다. 이는 다름 아닌 기업의 '생존부등식'의 문제다. 경쟁 전략은 달리 말하면 생존부등식을 어떻게 만족시킬 것인가를 찾는 방법이다.

기업은 원가 우위도 아니고 차별화도 아닌 '어중간한 상태'에 빠져 있어서는 안 된다고 포터 교수는 강조한다. 좀 쉽게 말하자면 차별화한다고 했지만 그 제품이 비싼 돈 주고 살만큼 매력적이지 않다면 '어중간한 상태'에 빠져 있는 것이다.

《당신은 전략가입니까The Strategist》에서 신시아 몽고메리 교수
는 다음과 같은 도표를 통해서 디자이너 패션 산업의 어중간한 상
태를 설명했다.

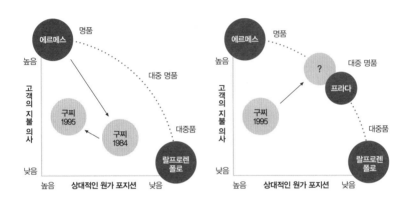

구찌는 1970년대 중반까지는 에르메스, 샤넬 등과 함께 원가
도 높고 지불의사도 높은 최고 명품 위치에 있었다. 창업 1세대들
이 사망하자 2세대들은 무리하게 상품 라인을 확장하고 라이선스
를 남발함으로써 1984년도에는 그 위상이 현저하게 추락하여 대
중 명품으로도 대접받지 못할 정도로 위상이 추락했다. 이를 만회
하고자 선택한 전략이 과거의 최고 명품 반열로 돌아가자는 것이
었다.

구찌 브랜드를 사용하던 상품을 3분의 1로 줄이고 매장도 과감하

게 축소했다. 그 결과는 어땠을까? 브랜드의 위상은 조금 올라갔으나 회사는 엄청난 손실을 입게 된다. 한마디로 구찌는 어중간한 상태에 빠진 것이다. 다행히 1994년부터 구찌를 맡게 된 경영자는 새로 영입한 디자이너 톰 포드와 손잡고 '유행 선도, 높은 품질, 바람직한 가격'을 기초로 마침내 구찌를 재건하는 데 성공한다. 대중 명품으로 새롭게 자리 잡은 것이다.

도표에 점선으로 표시된 것을 수익 프론티어라고 한다. 이는 특정 상품이나 서비스를 제공하는 기업이 입수 가능한 최고의 기술과 경영 테크닉, 확보된 정보를 이용하여 특정한 비용에 창출할 수 있는 최대한의 가치라고 할 수 있다. 쉽게 말해 일정 돈을 들여 만들 수 있는 최고의 제품을 나타낸 것이다.

기업의 위상이 수익 프론티어 라인 안쪽에 있으면 경쟁우위가 없는 것이다. 이때 기업의 경쟁 전략은 단순하게 원가 절감이나 차별화를 말하는 것이어서는 안 된다. 너무 단순화시킨 것이다. 현재 위치에서 자신이 갈 수 있는(가고 싶고 가야만 하는) 수익 프론티어 라인 위의 위치를 정하고, 그곳으로 향하는 기업의 노력이 제대로 된 경쟁 전략이라는 의미다.

집중화 전략은 기본적으로 기업의 규모와 능력이 어느 정도인가에 달려 있다. 기업의 자원이 풍부하면 산업 전체 고객을 대상으로 사업을 추진할 것이고 부족하면 제한된 고객을 대상으로 해 집중적으로 사업을 전개할 것이다. 여기서의 핵심은 고객을 어떻게 분류하고segmentation 어느 고객에 집중할 것인가를 선택하는 일이다. 당연히 각 기업이 잘 이해하고 있는 고객을 우선 선택해야 한다.

경쟁 전략을 이해함에 있어서 유의할 것이 있다. 같은 것을 더 잘, 그리고 더 많이 하는 것은 오퍼레이션 영역이다. 이처럼 효율성을 제고하는 활동은 꼭 필요한 것이지만 그 자체가 경쟁 전략은 아니다. 경쟁 전략은 경쟁자보다 앞서가는 것, 경쟁우위를 확보하는 것이다. 그 길은 새로운 것을 하거나 같은 것을 다르게 하는 데서 찾을 수 있지 하던 것을 조금 더 잘 하는 데서 찾아지는 것은 아니다.

전략적 혁신으로 돌파구를 마련하는 법

어느 기업이 경쟁자보다 보유 자원도 부족하고 역량도 부족하다면 서서히 죽는 길 외에는 다른 도리가 없는 것일까? 그렇지 않다. 강자만 살아남을 수 있다면 너무 허무하지 않은가. 자원과 역량이 부족해도 살 수 있는 길이 있는데, 그 길을 전략적 혁신이라고 한다.

어느 산업이든 선도 주자가 있게 마련이다. 선도 주자가 일하는 방식을 '산업 규범'이라고 한다. 이 방식은 선도 주자를 1등으로 만들었기 때문에 효율성이 증명된 것이다. 따라서 후발 주자들은 이를 따를 수밖에 없다. 그런데 시간이 흐르면 조금씩 환경이 변화한다. 이 변화는 기존의 산업 규범이 더 이상 효율적이지 않은 쪽으로 작용한다. 바로 이때가 판을 바꿀 때이며 가장 좋은 기회다.

그렇다면 구체적으로 어떻게 해야 전략적 혁신을 할 수 있을까? 거기엔 크게 세 가지가 있다.

고객을 재정의하라

고객을 재정의한다는 것은 누가 우리의 고객인지를 다시 묻는 것이다. 유아 학습지 고객을 예로 들어보자. 전통적으로는 학부모가 고객으로 정의되었다. 만일 학습하는 유아를 메인 고객으로 생각한다면 학습지 비즈니스는 어떻게 변할까? 학습지 교사를 회사의 메인 고객으로 생각하고 학부모는 학습지 교사의 고객으로 정의한다면 비즈니스는 어떻게 운영되는 것이 효과적일까를 생각하다 보면 새로운 기회를 발견할 수도 있게 된다. 한자 학습지를 주로 초등학생에게 제공해왔는데 한자 공부가 필요한 직장인들을 고객으로 삼으면 어떨까? 이런 생각 역시 발전시키다 보면 새로운 사업 기회가 탄생하게 된다는 것이 고객 재정의에 담긴 의미다.

다른 예를 든다면 레스토랑도 고객을 어떻게 정의하느냐에 따라 운영 방식이 많이 달라진다. 맛난 음식을 즐기려는 고객, 비즈니스 자리로 레스토랑을 찾는 고객, 사교적 목적이 우선인 고객 등 그들의 필요에 따라 내놓는 음식과 서비스가 달라질 것은 분명하다. 이와 같이 고객을 재정의해보면 묻혀 있던 비즈니스 기회가 발견될 수도 있을 것이다.

고객을 재정의해서 가장 성공적으로 혁신을 일으킨 예로는 방글라데시의 가난한 자를 위한 은행 '그라민 뱅크'를 들 수 있다. 대부분의 은행이 사업가 내지는 돈 있는 사람을 고객으로 삼았지만 '그라민 뱅크'는 돈이 절실히 필요하지만 신용과 담보가 없고 보증인조차 구하기 어려운 여성들을 주 고객으로 삼았다.

이런 은행을 시작하려 할 때 가장 염려되는 것은 대출금 상환 연체 문제다. '그라민 뱅크'의 상환율은 97퍼센트 이상이라고 한다. 연체 문제가 일어나지 않은 것이다. 다섯 명씩 조를 짜서 순차적으로 대출을 해주는데, 앞에 대출받은 사람이 일정액을 상환해야만 뒷사람도 대출해주는 구조를 도입했다. 대출금이 꼭 필요하고, 자발적으로 상환 의지가 있는 사람들끼리 조를 구성해 와서 연체 문제가 생기지 않게 되었다고 한다. 이 은행 덕분에 많은 사람들이 새로운 삶을 개척할 수 있었던 것은 물론이다. '그라민 뱅크'를 창설한 무함마드 유누스 씨는 2006년 노벨 평화상을 수상했다.

제품을 재정의하라

제품을 재정의한다는 것은 산업 표준으로 제공하는 제품과 서비스 중에 '제거해도 괜찮은 것은 없는가?', '줄여도 되는 것은 없는가?', '늘리면 좋을 것은 없는가?', '새로 집어넣으면 좋을 것은 없는가?'를 질문해보는 것이다. 앞서 언급한 웅진의 〈한글 깨치기〉는 제품 구성 요소 중에서 줄여도 되는 부분을 과감하게 재정의하여 시장 진입에 성공한 케이스다.

여기서 조심할 것이 하나 있다. 제품의 구성 요소를 조금씩 일정하게 줄여 저가로 출시하거나, 반대로 조금씩 늘려서 고가로 출시하는 것을 제품의 재정의라고 생각해서는 안 된다는 점이다. 제품의 재정의는 제품을 구성하는 가치의 구성 비율을 기존 제품과 현격하게 달리 하는 것이다. 가령 '우리 호텔은 식당도 헬스 센터도 운영하지 않지만 잠자리의 안락함만큼은 5성급 호텔 이상을 유지한다'는 것이 제품을 재정의하는 사례라고 볼 수 있다.

운영 방식을 재정의하라

코웨이의 경우 처음에는 정수기를 방문판매 형식으로 판매했다. 그러다가 1998년 외환위기를 맞으면서 정수기 판매에 큰 타격을 입었다. 윤석금 회장은 창고에 재고로 쌓인 정수기를 보다가 새로운 발상을 한다. 저것을 고객에게 공짜로 주고 그 대신 물값을 받으면 어떨까 하는 생각이다. 이것이 우리나라 가전 산업에 렌탈 판매 방식이 본격적으로 도입된 계기다. 고객도 그대로이고 제품도 그대로인데 운영 방식의 변화를 통해 혁신을 이룩한 좋은 사례다. 물론 렌탈 수입으로도 손익을 맞출 수 있도록 이후에 피나는 원가 절감 노력이 뒤따라야 했지만 말이다.

사마천의 《사기史記》에 춘추전국 시대의 병법가 손빈孫臏의 이야기가 나온다. 그는 제齊나라로 가서 장군 전기田忌의 집에 머물게 되었다. 전기는 왕이나 공자들과 돈을 걸고 마차 경주를 즐겼으나 번번이 져서 많은 낭패를 보았다. 어느 날 전기를 따라 마차 경기장에 간 손빈은 경기 장면을 유심히 살펴본 후에 다음과 같이 말했다.

"지금 보니 세 번의 마차 경주 중 두 번을 이기면 되는 것이군요. 그렇다면 상·중·하의 세 말 중 먼저 장군의 하등 말로 상대방의 상등 말과 겨루게 하십시오. 그리고 다음에는 장군의 상등 말과 상대방의 중등 말을 겨루게 하고, 마지막 경주에는 장군의 중등 말과 상대방의 하등 말을 겨루게 하시면 세 번 중 두 번은 승리하게 될 것입니다."

손빈의 작전을 듣고 보니 그럴듯하였다. 그 전까지만 해도 전기는 자신의 상등 말을 상대방의 상등 말과 겨루게 했다. 실력이 비슷한 말끼리 겨루는 걸 당연스레 생각한 것이다. 그러다 보니 실력이 비슷하기는 하지만 지는 경우가 많았다.

전기는 그날 제나라 왕과의 마차 경주에서 손빈의 작전대로 했다. 그 결과 첫 경주에는 졌지만 나중에 두 번의 경주에서 이겨 승리를 거두었고 천금을 얻었다. 전기가 보유한 경주 마차의 실력은 그대로인데 출전 순서를 바꿔 승리한 것이다. 이를 오늘날 경영학 개념에 대입해보면 운영 방식을 재정의한 것에 해당된다.

아예 비즈니스를 재정의하는 것도 전략적 혁신의 길을 찾는 방법일 수 있다. 스위스 시계 산업이 일본의 전자시계 산업의 발달로 위기에 처했을 때 시계 산업을 패션 산업으로 재정의 함으로써 돌파구를 찾은 것이 대표적인 예다. 개인적으로는 백화점 사업이 유통 사업이 아니라 부동산 임대업이라고 재정의하는 것을 들었을 때 '아 그럴 수도 있겠구나!'라고 감탄했던 기억이 지금도 새롭다.

후발 주자로서 산업 규범을 바꾸는 길은 비즈니스를 재정의하거나 고객, 제품 운영방식을 재정의 함으로써 찾아질 수 있다. 이는 경쟁을 피할 수 없는 경영자들, 모든 것이 약세인 상황에서 돌파구를 찾는 경영자들에게 중요한 시사점이 될 것이다.

지피지기가 안 되면
싸움하지 마라

●

●

●

　동양의 최고 병법서는 《손자병법孫子兵法》이다. 지금으로부터 2500년 전에 나라의 명운을 건 전쟁이 빈번하던 시절에 싸움의 도를 통찰해낸 손자의 지혜를 빌려 오늘날의 경쟁을 살펴보는 것은 경영자들에게 많은 것을 시사해준다. 특히 라이벌 기업과 한바탕 싸움을 피할 수 없을 것 같을 때 《손자병법》은 미처 깨닫지 못한 부분을 일깨워줄 것이다.

　《한비자韓非子》는 주로 군주의 통치 철학(리더십)을 다룬 책이지만 사이사이 경쟁과 관련된 이야기도 많아서 읽다 보면 경쟁에 관한 소소한 힌트를 얻을 수 있다. 경영자라면 어떤 책을 읽더라도 생존, 고객, 경쟁, 인재라는 키워드를 염두에 두고 읽을 수밖에 없는 사람이다. 그 속에서 무언가 인사이트를 얻기를 기대하면서.

한비자 속에 있는 이야기 두 편을 살펴보는 것으로 고전 속에서 경쟁에 대한 아이디어 모색을 시작해보자.

술집의 술이 쉬는 이유

송나라 사람으로 술을 파는 자가 있었다. 되도 정확하고, 손님 대접도 잘했고, 술맛도 좋고 간판 깃발은 높이 세웠는데도 술은 팔리지 않고 쉬는 것이었다. 이상하게 생각하여 잘 알고 지내는 양천에게 물었더니 이렇게 말했다.

"자네 집 개가 사나운가?"

술장수가 되물었다.

"개가 사나운 것과 술이 안 팔리는 것이 무슨 상관이 있습니까?"

양천이 말했다.

"사람들이 개를 무서워하기 때문이다. 어린 아이에게 돈을 주어 술을 사오라고 했을 때 개가 뛰어나와 물거나 하면 술이 쉴 때까지 팔리지 않게 되는 것이다."

_《한비자》〈외저설外儲設 (우상)〉

이 이야기를 현장에 적용해보자. 자기의 영업 조직이 교육 훈련도 잘하고 있고 판매하는 아이템도 괜찮고 본사 지원 시스템도 괜찮은데 이상하게 성과가 나지 않으면, 혹시 조직에 '사나운 개' 노릇을 하는 사람이 있는지 살펴보라는 이야기다. 이런 사람이 있으면 영업 조직에 쓸 만한 사람이 정착되지 않는다. 무섭고 보기 싫어서 다른 곳으로 가버리는 것이다. 경쟁력을 갖추려면 경영자는 때로는 이런 디테일도 살펴야 한다.

송양지인宋襄之仁

송나라 양공이 초나라 군대와 탁곡의 강가에서 싸우고 있었다. 송나라 군대는 이미 진열을 갖추고 있었는데, 초나라 군대는 아직 강물을 건너오지 못하고 있었다. 우사마인 구강이 달려와서 이렇게 말했다.

"초나라 군대는 많은데 우리 송나라 군대는 얼마 되지 않습니다. 초나라 군대를 중간쯤 건너오게 하여, 진열을 갖추기 전에 그들을 공격하도록 빨리 결심해주십시오. 그렇게 하면 적은 반드시 패배할 것입니다."

그러자 양공이 말했다.

"내가 들은 바에 의하면, 군자는 이미 상처를 입은 자에게 재차 상처를 주지 않으며, 또 백발노인을 체포하지 않으며, 사람을 곤경에 빠지게 하지 않으며, 협소한 곳에 몰아넣지 않으며, 전력을 갖추지 못한 적을 공격하는 것이 아니라고 알고 있다. 그런데 초나라 군대가 완전히 건너오기도 전에 습격을 한다는 것은 도의가 허락하지 않는다. 초나라 군대가 완전히 강을 건너고 진을 구축한 다음 북을 치고 공격해야 할 것이다."

_《한비자》〈외저설(좌상)〉

이 싸움의 결과는 명분을 내세운 송나라 양공의 어리석은 고집 때문에 송나라의 패배와 양공의 죽음으로 끝난다. 싸움이 시작되기 전에는 명분이 중요하다. 명분을 얻지 못하면 백성의 동원도 내부 결속도 어렵기 때문이다. 그러나 일단 싸움이 시작되면 명분보다는 승리가 중요하다. 싸움은 가능하면 피해야 하지만 어쩔 수 없이 싸워야 한다면 '선방'이 주요하다는 것은 애들 싸움이나 기업 간의 경쟁이나 비슷한 측면이 있지 않을까? 경영자는 이런 경우 어떤 쪽이든지 결론을 내리고 있어야 한다.

도道가 있습니까?

《손자병법》의 제일 첫 문장은 이렇게 시작된다.

孫子曰(손자왈) 兵者(병자) 國之大事(국지대사) 死生之地(사생지

지) 存亡之道(존망지도) 不可不察也(불가불찰야)

손자가 말하기를 전쟁은 나라의 중대한 일이다. 백성의 생사
와 나라의 존망이 기로에 서게 되는 것이니 신중히 살피지 않으
면 안 된다.

그러면서 손자는 우선 살펴야 할 것으로 다섯 가지, 즉 오사五
事를 꼽는다. 도道, 천天, 지地, 장將, 법法이다. 오늘날의 경영 용어
로 바꾸어보면 도道는 기업의 사명과 비전, 천天은 산업 환경, 지地
는 그 기업의 내부 역량, 장將은 부문 경영자와 관리자, 법法은 운
영 시스템이 될 것이다.

이 개념을 능률교육의 대표이사로 일하면서 사업 현장에서 다음
과 같이 적용한 경험이 있다. 능률교육은 텍스트로 된 영어 교육 콘
텐츠를 만들어내는 데는 탁월했으나 교육 서비스 제공 능력은 부족
했다. 그래서 H사로부터 '주니어 랩'이라는 영어교육 서비스 사업
부문을 인수하여 부족한 역량을 보완하고자 했다. 전국의 사업 대
리점 사장님들을 모신 자리에서 회사의 사업 인수 취지와 방향
을 손자가 말한 오사를 거론하며 이렇게 설명했다.

도道

"능률교육은 영어교육의 도를 갖고 있는 회사입니다. 창업자 이
찬승 회장님은 열 권의 평범한 책 만들기를 거부하시고 한 권이라

도 탁월한 영어 교재를 만들려고 노력하신 분으로 잘 알려져 있습니다. 지금도 저희는 점수 잘 받는 것을 넘어서서 실제로 써먹을 수 있는 실력을 길러주는 영어 교재를 만들려고 노력하고 있습니다."

천天

"영어교육의 중요성이 해마다 더 부각되고 있다는 것은 새삼스럽게 말할 필요가 없을 것입니다. 오늘날 영어교육사업은 어느 분야보다 하늘이 때를 열어주는 사업입니다. 여러분은 좋은 분야에 발을 들여놓으셨다고 믿어도 좋을 것 같습니다."

지地

"우리나라 고등학교의 40퍼센트는 능률교육에서 만든 영어교과서를 채택하여 사용하고 있습니다. 이는 저희 회사가 영어 교재를 만드는 실력이 얼마나 높은 경지에 올라 있는지를 상징적으로 보여준다고 생각합니다. 이런 콘텐츠 개발 역량이 주니어 랩 교재 업그레이드에 투입될 것입니다."

장將

"손자는 전쟁에서 장수가 중요하다고 하였습니다. 능률교육의 영어교육사업 분야에서는 여기 계신 사장님들이 바로 싸움터에 나갈 장수들입니다. 여러분들은 이 사업에 후발주자로 참여하셨습니다. 비록 지금은 커다란 업적을 나타내고 있지 못 하시지만 손자가 장수의 요건으로 꼽은 지혜, 신뢰, 인자함, 용기, 엄격함을 갖추신 분들이라고 생각합니다. 그래서 앞으로 기대가 큽니다."

법法

"저희가 이번 사업을 인수하면서 운영 효율을 높이기 위한 시스템을 도입하려고 합니다. 그 자세한 내용은 잠시 후에 사업 본부장이 소개해드릴 것인데, 회사와 여기 계신 사장님들이 서로 믿고 노력한다면 좋은 결과를 낳을 것으로 확신하고 있습니다."

이런 요지로 설명했더니 참석자들로부터 크게 공감을 얻었다. 《손자병법》의 원론적인 내용을 사업에 적용하려고 노력한 사례로 봐주시면 좋겠다.

나를 알고 상대를 아는 일곱 가지 방법

손자는 경쟁 상대와 자기를 다음의 일곱 가지 측면에서 비교해보라고 한다. 이로써 전쟁의 승패를 알 수 있다고 했다. 오늘날 개념으로는 회사의 실력을 측정하는 일곱 개의 KPI이다.

- 주숙유도主孰有道 : 어느 임금이 길을 제대로 따르고 있는가? 즉, 어느 회사의 사명mission과 비전이 고객과 내부 구성원에게 진정성 있게 어필하는가?

- 장숙유능將孰有能 : 장수는 어느 쪽이 더 유능한가? 즉, 어느 회사의 리더가 역량과 인품이 뛰어난가?

- 천지숙득天地孰得 : 하늘의 때와 지형지물은 어느 쪽에 더 유리한가? 즉, 산업 환경과 내부 역량은 누가 더 우위에 있는가?

- 법령숙행法令孰行 : 법령은 어느 쪽이 제대로 행해지고 있는가? 즉, 어느 회사의 시스템이 효율적으로 운영되는가?

- 병중숙강兵衆孰强 : 병사는 어느 쪽이 더 강한가? 즉, 어느 회사의 영업 조직이 많고 강한가?

- 사졸숙련士卒孰練 : 군사는 어느 쪽이 더 잘 훈련되었는가? 즉, 어느 회사의 직원이 더 교육을 많이 받았고 훈련이 되어 있는가?

- 상벌숙명賞罰孰明 : 상벌은 어느 쪽이 더 분명한가? 즉, 칭찬받을 사람이 칭찬받고 벌을 받아야 할 사람이 벌을 받고 있는가? 공을 가로채거나 허물을 남에게 전가하는 문화는 없는가를 살펴보아야 한다는 것이다.

일곱 가지 포인트로 자기 회사를 제대로 점검하는 것이 지기知己이다. 그런데 경쟁에서의 능력은 상대적 개념이다. 우리가 잘한다고 판단해도 상대가 나보다 더 잘하면 잘하는 게 아니다. 따라서 상대의 실력을 제대로 알아야 승부를 가늠할 수 있다. 상대를 제대로 아는 것이 지피知彼이다.

그러나 현실에서는 상대를 알려는 노력이 생각만큼 이루어지지 않는다. 경쟁사가 어떤 전략 전술을 취하는지 전략기획팀이든 마케팅팀이든 제품개발기획팀이든 물어보시라. 생각보다 제대로 아는 직원들이 별로 없다는 사실을 발견하고 깜짝 놀라게 될 것이다.

경영전략실 직원 중에 경쟁 회사가 발행하는 사보를 꼼꼼히 읽은 사람이 몇 명이나 되는지 조사해보면 금방 현실이 드러난다. 공개된 정보도 소홀히 하는데 비공개 정보를 누가 제대로 챙기겠는가? 지피, 상대를 아는 것은 책임자가 끊임없이 관심과 비용을 쓸 때 비로소 이루어진다는 사실을 꼭 알아두시라.

사실 지피지기한다고 백전백승하는 것도 아니다. 지피지기하면 백전불태百戰不殆, 위태롭지 않게 된다. 즉, 무조건 이기는 게 아니라 잘 지지 않는다는 것이 손자의 생각이다. 손자가 보기에 싸움에 이기는 것은 내가 아니라 상대에게 달렸다. 즉 상대가 실수해야 이길 수 있고, 지지 않는 것은 나 하는 것에 달려 있다.

허허실실과 병불염사

싸움은 되도록이면 피하는 게 좋지만 그래도 어쩔 수 없이 맞붙어 싸워야 할 때가 있다. 그러면 모든 수단과 방법을 동원해서 이겨야 한다. 적이 우리 형편과 의도를 알지 못하도록 속여야만 전쟁터에서 위태롭지 않게 된다. 약한 곳을 강한 척 꾸미기도 하고 강한 곳인데도 약한 척해서 적이 우리의 실체를 잘 모르게 하는 것이 허허실실이다.

내가 적을 속이려 하듯이 적도 나를 속이려 한다는 것을 잊어서는 안 된다. 죽고 사는 싸움터에서는 살기 위해 무엇이든 할 각오가 있어야 한다. 병불염사兵不厭詐는 싸움에서는 이기기 위해 속이는 일도 마다하지 않는다는 뜻이다.

그런데 조심할 것이 있다. 일상사에서 우리 편에게 이런 자세를 보여서는 안 된다는 점이다. 신뢰할 수 없는 사람이 되기 때문이다. 오로지 생사를 건 싸움에서만 수단방법을 가리지 않는 것이 용납된다는 것을 명심해야 한다.

손자는 '허허실실'에 대해 이렇게 말한다.

군사행동이란 속임수이다. 그러므로 능하면서 능하지 않은 것처럼 보이도록 하고, 쓸 것이면서 쓰지 않을 것처럼 보이도록 하고, 가까우면서 먼 것처럼 보이도록 하고, 멀면서 가까운 것처럼 보이도록 한다. 이로움을 보여 적을 유인하고, 적진을 어지럽힌 뒤에 삼킨다. 적군의 역량이 충실하면 방비하고, 강하면 정면충돌을 피한다. 적이 격노하면 기세를 누그러뜨리고, 적에게 굽히고 들어가 적을 기고만장하도록 만든다. 적이 휴식을 취하고 있으면 건드려 피곤하게 만들고, 단결이 잘 되어 있으면 이간질을 시킨다. 무방비 상태인 곳을 찾아 공격해야 하며, 꿈에도 상상 못한 때에 병력을 일으켜야 한다. 이것이 군사행동에서 승리하는 길이다. 그러나 그때의 상황에 맞도록 임기응변으로 대처해야 하는 것이지, 어떤 공식을 만들어 미리 전해줄 수는 없다.

전투는 정공법과 변칙을 섞어서 임기응변으로 하는 것이다. 손자는 이기는 군대의 싸우는 모습이란, 마치 천길 골짝을 막아 가둬두었던 물을 터놓아 쏟아져 내리게 하는 것과 같다고 했다. 평소 물은 조용히 낮은 곳으로 흐르고 막히면 돌아가지만, 빠른 물의 격렬함은 돌을 가볍게 띄운다.

전투는 기세가 부딪히는 싸움이다. 힘을 잘 비축해두었다가 적절한 시기와 장소에서 둑을 터뜨리듯이 쏟아 붓는 것이 이기는 요령이라는 것이다.

장수는 바로 이런 계기를 만들어내는 사람이다. 부잣집 아들같이 풍족하게 사업할 수 있는 사람은 없다. 돈도 사람도 부족한 게 현실이다. 그 부족한 걸 찔끔찔끔 허비하지 말고 잘 비축해서 이길 만한 곳에 혼신의 힘으로 투입해서 승기를 잡는 것이 사업이요, 경영이라고 손자는 가르쳐주고 있다.

소모전을 피하라

손자는 할 수만 있으면 소모전을 피하라고 말한다. 그 까닭은 쌍방 간에 피해가 크고 이겨도 얻는 게 별로 없기 때문이다. 얻는 것이 없는 싸움을 할 필요가 없기에 손자는 싸우지 않고 이기는 길을 최선으로 생각한다. 〈모공편謀攻篇〉에서 이렇게 말하였다.

> 전쟁을 이끄는 최상의 전략은 적의 전략을 치는 것이고, 그다음은 적의 외교를 치는 것이며, 그다음은 적의 군사를 치는 것이요, 그 아래는 적의 성을 치는 것이다. 적의 성을 치는 것은 어쩔 수 없어서 하는 일이다.
>
> (故上兵伐謀, 其次伐交, 其次伐兵, 其下攻城。攻城之法爲不得已。)
>
> _《손자병법》〈모공편〉

이를 오늘날의 상황에 접목해 예를 들어보면 적의 성을 치는 것은 고객 유치를 위해 사업장끼리 할인 경쟁을 하는 것이다. 서로 피 흘리는 판매 경쟁을 가능하면 피하라는 것으로 해석할 수 있다. 경쟁우위를 확보하기 위한 근본적 전략을 잘 세우고 산업 내에서 적절한 동맹 세력을 형성하는 것이 싸우지 않고 이기는 길이라는 것을 보여준다.

최근 세상은 급속하게 초연결 사회로 진화하고 있다. 디지털 혁명과 SNS의 발달로 사람과 사람, 사람과 사물이 밀접하게 연결되어 서로에게 영향을 주고 있다.

이런 상황은 '나만 이기겠다, 나의 이익만 챙기겠다'는 의도를 용납하지 않는 사회 분위기를 만들고 있다. 강자의 갑질에 대한 사회적 분노가 이에 대한 증거라 할 수 있다. 따라서 경쟁에 대한 기존 관념, 승리 지상주의도 수정이 불가피하게 되었다. 나만 사는 게 아니라 '너도 살고 나도 사는 길'을 모색해야만 되는 세상이 열리기 시작한 것이다.

특히 플랫폼 기업의 등장은 옛날과 전혀 다른 경쟁 양상을 보여준다. 상대를 이겨야 하는 것이 아니라 상대가 내 플랫폼 위에서 자유롭게 활동하고, 그것을 통해 성과를 거두어야만 나의 성공이 담보되는 세상이 열린 것이다.

내가 속한 산업 분야가 이런 쪽이 아니라고 할지라도 이런 분위기의 영향을 받을 수밖에 없다. 그래서 더더욱 손자의 권고대로 소모전인 공성攻城을 피하고 최상의 계책인 벌모伐謀의 길을 찾아야만 할 것이다. 아니 벌모의 길을 넘어 공자께서 말씀하신 길, "내가 일어서고자 하면 남도 일어서게 해주고, 내가 이루고자 하면 남도 이루게 해주라"는 길을 찾는 것이 진짜 이기는 길이 될지도 모르겠다.

경쟁과 관련해 기억해야 할 중요한 것들을 정리하면 다음과 같다.

1 눈에 보이는 경쟁자 말고도 대체품, 공급자와 수요자, 잠재적 경쟁자
에 대해 알고 있어야 경쟁을 입체적으로 볼 수 있다.

2 경쟁에서 이기는 길은 원가를 낮추거나 차별화하는 것이다. 실제로
는 각 기업이 도달할 수 있는, 가성비가 가장 좋은 생산 포인트를 찾
는 것이다.

3 후발 주자도 이길 수 있다. 그것은 환경 변화에 따라 비즈니스, 고객, 제
품, 운영방식을 재정의할 기회를 잡는 것이다.

4 손자는 전쟁은 이미 이겨놓고 하는 것이라고 했다. 소모전에 빠지지 말
고 원천적으로 이길 방법을 찾아야 한다. 그것은 지피지기를 해야만 가
능하다.

5 경쟁에서 이기게 하는 힘의 원천을 손자는 도道라고 하였다. 오늘날 기업
에게는 기업의 목적이자 존재 이유 즉, 사명이 이에 해당한다.

6 최근의 디지털 혁명으로 초래된 플랫폼 기업의 등장은 상대를 쓰러뜨리
고 이기는 것에서 상대와 함께 사는 길을 모색하는 쪽으로 경쟁의 개념
을 바꾸고 있다. 눈여겨봐야 할 변화다.

톰 피터스
31.8×40.9(cm) 캔버스 유화

5장

인재

톰 피터스(1942~   )

세계적인 경영 그루 톰 피터스가《리틀 빅 씽Little big things》에서 인재에 대해 조언한 것을 압축하면 다음과 같다.

1. 리더라면 채용을 중시하라. 직원을 채용할 때 실행 능력이 중요하다.
2. 승진에 관한 규칙을 정해놓은 것이 있다면 없애라. 능력 있는 인재라면 필요한 만큼 승진시켜라.
3. 직원의 만족도, 사기, 생산성은 위에서 언급한 일선 관리자의 리더십에 의해 결정된다. 좋은 관리자를 만들어내는 양성 프로그램을 만들어야 한다.
4. 상사란 전략을 만드는 사람이 아니라 인재 계발을 통해서 전략을 개발하게 하는 사람이다. 승진 후보자의 인재 계발 경력을 반드시 검토해야 한다.
5. 앞으로 경제 발전은 여성이 이끈다. 톰 피터스는 제품과 서비스 개발, 마케팅에 대한 액션 플랜에 여성의 견해를 핵심 사항으로 반영할 것을 권고한다.

대체로 동의한다. 다만 승진에 대해서는 '능력 있는 인재'를 보수적으로 판단할 것을 권고하고 싶다. 잘못 세운 리더의 폐해가 크기 때문이다.

천리마를
볼 줄 아는 눈

•

•

•

구약 성경 이사야서에는 이사야가 성전에서 환상을 본 이야기가 나온다. 그는 성전에서 하나님의 거룩한 임재를 보며 하나님의 말씀을 듣는다.

하나님이 "내가 누구를 보내며 누가 우리를 위하여 갈꼬" 하시니, 이사야가 "내가 여기 있나이다. 나를 보내소서"라고 대답한다.

하나님도 세상일에 역사하시는 데 때때로 자주 사람을 필요로 한다는 것을 상징적으로 보여주는 장면이다. 하나님도 이러하신데 사람이 기업을 경영하는 데 사람의 도움을 받아야 하는 것은 너무나 당연한 일이다.

고객의 관심을 끌기 위한 기업 간의 경쟁은 말하자면 기업의 명운을 건 전쟁이다. 경영자가 모든 싸움을 혼자서 할 수는 없다. 대신 싸워줄 사람이 필요하다. 그런데 경영자들 입에서는 쓸 만한 사람이 없다는 탄식이 흘러나온다. 일자리를 구하는 사람은 많아도 쓸 만한 사람, 인재가 없다는 것이다. 그래서 경영자 머릿속에 자리 잡은 네 번째 키워드는 '인재'이다. 그렇다. 경영자의 중요 임무가 함께 일할 만한 사람을 찾고 그들을 훈련시켜 성과를 내는 것이다.

인재가 정말 없는가

춘추시대 주나라의 백락伯樂은 명마를 가려내는 안목이 뛰어난 사람이었다. 초나라 왕이 천리마를 구해달라고 백락에게 의뢰를 하였다. 백락은 여러 고장을 둘러보면서 천리마를 찾았으나 찾을 수가 없었다. 낙심하고 돌아오는 길에 백락은 무거운 소금 수레를 힘겹게 끌고 고개를 올라가는 말 한 마리를 발견했다. 말을 그냥 지나칠 수 없었던 백락이 자세히 살펴보니 비쩍 마르고 볼품없었지만 그토록 찾던 천리마였다.

그 뒤 당나라 대표 문장가 한유는 이를 되새기면서 "세상에는 백락이 있은 연후에 천리마가 있다. 천리마는 항상 있으나 백락은 항상 있는 것이 아니다"라고 하여 사람 보는 눈의 소중함을 강조하였다.

경영자는 모름지기 사람 보는 눈을 갖추어야 한다. 세상에 모든 것을 다 갖춘 인재는 없다. 있다고 할지라도 그런 인재를 다른 기업에서 그냥 내버려두었을 리가 없다. 사람이 없다는 말을 입에 달고 살면서 한탄만 하는 것은 환경이 어려워져서 실적을 내지 못했다고 말하는 영업자와 변명하는 논리 구조가 다를 바 없다. 그렇다면 경영자가 내릴 수 있는 결론은 분명해진다. 숨겨진 천리마를 찾아내거나 천리마가 없어도 보통의 말들로 경쟁에서 이길 수 있도록 조련하고 조직하는 길이 남아 있을 뿐이다.

천리마를 알아보는 눈

천리마를 찾으려면 말의 무엇을 보아야 할까? 백락은 특별히 아끼는 사람에게는 보통말을 감별하는 법을, 그렇지 않은 사람에게는 천리마를 감별하는 법을 가르쳤다고 한다. 보통말을 감별하는 능력은 돈벌이가 되어도 천리마는 드물게 나타나기 때문에 천리마 감별법만 알아서는 먹고살기 힘들었던 모양이다.

천리마 같은 사람은 찾기는 어렵지만 찾기만 하면 '대박'이다. 천리마 같은 인재를 경영자들은 한마디로 어떻게 표현할까? '믿을 수 있는 사람, 신뢰할 수 있는 사람'이라고 한다면 대부분은 적절한 표현이라고 수긍할 것이다. 그럼 믿을 수 있는 사람은 어떤 사람일까? 일하는 능력이 뛰어나면서 동시에 인격을 갖춘 사람이다. 경영자들이 현실에서 느끼는 아쉬움은 일 잘하는 사람은 인격에 조금 문제가 있고 인품이 좋은 사람은 일솜씨가 마음에 차지 않는 경우가 많다는 것이다. 그러니 그 두 가지를 다 갖춘 사람이라면 인재임이 분명하다.

일솜씨와 인품이 탁월하면서 균형을 갖춘 사람이 천리마라 한다면, 무엇을 보고 그 사람이 될성부른 인재인지를 알 수 있을까? 공자님은 '말을 알지 못하면 남을 알지 못한다(不知言無以知人也)'고 하셨다. 맹자님은 '나는 말을 안다(我知言)'고 하셨으며 공손추와 이런 대화를 나누셨다.

"남의 말을 안다는 것은 어떤 의미입니까?"

"한편으로 치우친 말(피사詖辭)에 그 사람 마음 어딘가에 숨겨진 것(폐蔽)이 있음을 알며, 음란한 말(음사淫辭)에 그 사람 마음이 어딘가에 빠져 있음(함陷)을 알며, 간사한 말(사사邪辭)에 그 사람 마음이 도리에서 벗어나 있음(이離)을 알며, 회피하는 말(둔사遁辭)에 그 사람이 어딘가 궁지에 빠진 것(궁窮)을 알 수가 있다. 이 네 가지 악한 생각이 사람의 마음속에 생겨나면 반드시 그 정치를 해치게 되며, 그 정치에 그 생각이 나타나게 되면 그 일을 해하게 되는 것이니, 성인聖人이 다시 나타난다 하더라도 내 말을 따를 것이다."

거칠게 요약하자면 사람을 알아보는 길은 그 사람이 하는 말과 깊은 연관이 있음을 보여주는 말씀들이다.

인재를 알아보려면 상대가 무슨 말을 하는지 알아들을 수 있어야 한다. 문제는 책임자가 되면 지시하는 데 익숙해져서 소통 능력이 떨어진다는 점이다. 자기가 하고 싶은 말만 하고 남의 말을 잘 들으려고 하지 않는다. 다 듣지 않아도 상대가 무슨 말을 하려는지 안다고 생각한다. 인재를 뽑는 사람이 말을 모르는데(不知言), 어떻게 말을 아는 사람을 뽑을 수 있겠는가? 전문경영인 자신은 이를 경계해야만 인재를 얻을 수 있다는 것을 마음에 새겨야 한다.

성현들의 말씀을 확대해보면 인재는 말을 번드르르하게 잘하는 사람이 아니고 남의 말을 아는 사람, 즉 말귀를 알아먹는 사람이다. 상대의 말을 듣고 그 말이 어떤 심경에서 나왔으며 어떤 의미를 지녔는지 아는 사람을 뽑아야 제 몫을 다할 가능성이 크다.

그러면 말을 아는 사람을 어떻게 뽑을 것인가? 사람마다 경험이 달라 나름대로의 방법이 있겠지만 내 경험을 돌아보면 신입사원의 경우, 글을 요약하는 테스트가 비교적 확률이 높았다. 일정 분량의 글을 주고 그것을 5분의 1 정도로 요약하라는 시험이다. 영어 실력도 마찬가지 방법으로 테스트했다. 영어 칼럼 등을 주고 영문으로 요약시켜보면 희한하게도 실력이 드러났다.

물론 이것만으로는 충분하지 않다. 면접을 통해 뽑으려고 하는 사람의 인성이 어떠한지 잘 살펴야 하는 것은 두말할 필요가 없다. 나는 면접에 임할 때 면접자가 준비해온 예상 질문을 먼저 한다. 질문에 대해 30초 또는 1분 안에 답하라는 조건을 주고서 말이다. 면접자는 대개 예상 질문에 대해 2~3분짜리 답을 준비해오는

데 이를 반 또는 3분의 1 정도로 요약해서 답을 하도록 시키면 핵심을 정리하는 실력을 알 수 있고 시간도 절약할 수 있다.

그 외에 다른 부수 효과도 있다. 면접자는 속된 말로 '찍은 문제'가 나왔고 그에 대해 답을 했기 때문에 마음을 놓게 된다. 본격적인 면접은 이제부터다. 자기소개서에 있는 내용 중에서 경험을 좀 과장되게 표현했다 싶은 부분에 대해 질문하거나 팀으로 한 일이라고 소개한 것 중 면접자의 역할이 모호한 것에 대해 심층 질문을 한다. 그러면 대부분의 경우 그 사람의 평소 생각이 말과 행동으로 드러났다.

이런 방식으로 면접자의 속마음을 살펴서 우리 회사와 잘 맞을 것 같은 사람을 뽑았다. 어떤 방법을 활용하든 간에 경영자라면 '천리마를 알아보는 자기만의 방법'을 습득하고 발전시켜야 한다. 물론 그것이 사람을 꿰뚫어본다고 주장하는 '궁예의 관심법'이 되어서는 안 된다는 전제 아래서 말이다.

관리자로서 일정 경력을 쌓다 보면 나름대로 사람 보는 눈이 생긴다. 그리고 자기가 본 것이 제법 맞는다는 느낌이 들 때도 있다. 그러나 사람 보는 눈이라는 것이 어떤 면에서는 자신의 선입견과 편견일 수도 있음을 알고 있어야 한다. 선입견이나 편견에 사로잡혀 사람을 잘못 봐서 어려움을 겪은 경험은 누구나 한두 번 있지 않은가. 편견 때문에 생기는 폐해를 막는 길은 자신의 판단을 절대화하지 않는 것이다. 내가 잘못 볼 수도 있다는 사실을 수긍하고 받아들이는 태도를 갖는 것이 필요하다.

경력자를 채용할 경우 먼저 그 사람이 이룩했다고 주장하는 업적의 진위를 가리는 것이 중요하다. 더 중요한 것은 채용하려는 경력자가 그 업적을 이루는 데 구체적으로 무슨 기여를 했는지 살펴보는 일이다. 그리고 업적 말고도 평판 조사를 통해 평소 어떤 말을 많이 하는지, 말과 행동이 일치하는지를 살피는 것도 필요하다. 부하 직원의 공을 자기 것으로 가로챈 사람, 공을 이루기 위해 아랫사람의 뼈를 마르게 한 사람을 업적이 좋다고 덥석 뽑으면 그 회사는 언제 터질지 모르는 시한폭탄을 안게 되는 셈이다. 나는 그런 시한폭탄이 터지는 것을 몇 번 간접적으로 경험했다.

천리마가 없어도 천리를 갈 수 있다

한비자는 천리마가 없더라도 천리를 갈 수 있는 방법을 다음과 같이 제시했다.

"천리마가 아니더라도 좋은 말이 끄는 튼튼한 수레를 50리마다 비치해두면, 보통 실력의 마부가 그걸 몰아서 속도를 떨어뜨리지 않고 먼 곳까지 갈 수 있다. 그렇게 하면 천리라도 하루에 갈 수 있을 것이다."

천리마 같은 인재를 구할 수 있다면 행운이지만, 그렇지 못하다고 해서 경영자가 경영을 포기할 수는 없는 일이다. 그럴 땐 보통 정도의 능력을 가진 사람들이 서로 협력해서 성과를 낼 수 있도록 시스템을 만들고 문화를 만들어내야 한다. 이를 위해서 무엇보다 중요한 것이 직원 교육이다.

천리마도 훈련이 필요하며 보통말도 훈련이 필요하다. 훈련 없이 바로 탈 수 있는 말은 남아 있지 않다. 이미 다른 회사에 뽑혀갔을 테니 말이다. 나에게 남은 사람은 비쩍 말라 볼품없는 천리마 후보 아니면 훈련을 통해 협업할 수 있는 보통말들뿐이다.

사람이 없어서 경영을 못해먹겠다는 것은 실력이 없다는 자기 고백일 수 있음을 기억하자. 어떤 분들은 그렇게 교육시켜서 일할 만하게 만들어놓으면 다른 회사로 이직해버리니 그것도 못할 짓이라고 한다. 물론 안타깝고 걱정스런 일이지만, 그렇다고 직원들의 성장을 위한 투자를 포기할 수는 없다.

내가 몸담았던 회사는 회장님부터 교육에 열심이었고 직원 교육을 중요시했다. 그리고 소위 교육 출판 회사가 직원 교육에 소홀한 것은 자기 존재를 부정하는 짓이라는 것이 내 생각이다. 고객에게는 자녀 교육에 투자하는 것이 가성비가 높은 길이라고 설득해서 책을 팔아먹고서는 정작 자신은 그걸 믿지 않는 것 아닌가? 교육이 가성비가 높은 방법이라면 직원들도 마땅히 교육을 시켜서 이를 증명하는 것이 마땅하다.

지금은 내실 있게 단행본 출판사를 경영하고 있는 직장 후배가 자신이 몸담았던 회사와 상사였던 나에 대해 페이스북에 이런 글을 남겼다.

학창시절보다 더 많이 공부를 시키는 회사가 있었다. 4일 일하고 하루는 공부하는 데 시간을 쓰는 것 같았다. 나는 그 회사가 고마우면서도 점점 미안한 마음이 들었다. 그 공부라는 것이 학점으로 관리되고 인사고과에 반영되는 거라 대충 허투루 할 수도 없었다.

대표이사의 철학은 확고했다. 교육기업이니 직원들부터 평생교육을 받아야 하고, 업무 성과는 그 공부한 결과로써 나오는 것이라는 원칙을 그대로 경영에 적용하고 있었다. 나는 부서장으로 채용돼 그 회사를 다니고 있었는데, 어느 날 대표이사와 저녁을 먹는 자리에서 일부러 당돌한 질문을 했다.

줄잡아 내 연봉의 5분의 1에 해당하는 금액이 내 재교육에 쓰이는 것 같다. 회사가 직원들에게 그렇게 비용을 써도 경영에 문제가 없느냐? 회사 덕분에 내가 자꾸 똑똑해지고 실력이 늘면 틀림없이 다른 데서 스카우트 제의를 해올 텐데 내가 이직해버리면 회사는 죽 쒀서 개주는 꼴이니 큰 손실 아니겠느냐? 대표이사가 빙그레 웃으며 이야기를 듣더니 내게 말했다.

"한 번도 그걸 비용이라고 생각해본 적이 없습니다. 회사는 사람에게 투자한 만큼 이익입니다. ○○○ 씨가 경영자라면, 다른 회사에서 오라고 손짓하는 능력 있는 직원과 일하고 싶겠습니까, 아니면 오갈 데 없어서 여기에 남아 있는 직원과 일하고 싶겠습니까? 다른 회사에서 오라고 제안을 해오면 ○○○ 씨는 무엇을 보고 가겠습니까? 여기보다 단지 월급을 더 많이 준다는 이유로 가겠습니까, 아니면 여기보다 ○○○ 씨를 더 훌륭하게 만들어줄 비전을 보고 가겠습니까? 적어도 그 회사가 우리 직원들을 데려가려면 우리 회사보다 더 사람을 키우는 철학과 환경을 가진 회사여야 할 것입니다. 그렇게 해서 사람을 우선하는 기업들끼리는 상향평준화를 이루게 될 것입니다."

회사는 일하는 곳이지 교육기관이 아니므로 회사가 나서서 교육이나 연수 프로그램을 운영할 필요가 없다고 주장하는 경영자도 있다. 이 말의 속뜻은 교육이 불필요하다는 것이 아니라 회사에서의 교육은 성과를 높이기 위한 수단이지 교육 그 자체가 목적이 아니라는 점을 강조하는 것으로 나는 이해한다. 특히 회사의 임원 및 고위 관리자들은 의무감에 마지못해서 회사가 주관하는 교육에 임해서는 안 된다. 본인은 교육이 필요 없고 아래 직원들에게만 교육이 필요하다고 생각하는 사람이 있다면, 나는 절대로 그런 사람을 중용하지 않을 것이다.

학교 다닐 때 조회 시간이 어땠는가? 대체로는 무척 지루했고, 교장 선생님 훈화 중에서 기억나는 것이 하나도 없지 않던가? 회사가 제공하는 교육이 이래서는 안 될 것이다. 교육 프로그램도 회사가 일방적으로 정하지 말고 종업원들의 교육에 대한 니즈를 반영할 수 있으면 좋을 것이다. 자신이 경영자가 되면 신청자가 너무 몰려들어서 번호표를 나눠주는 교육 프로그램을 만들어보겠다는 꿈을 꾸는 사람이 많았으면 좋겠다.

천리마를
뛰게 하는 것

●

●

●

똑같은 일을 맡겨도 사람마다 성과에 차이가 난다. 그 차이를 내는 요소를 인사관리 파트에서는 역량이라고 이름 붙인다. 역량은 기술skill, 지식knowledge, 태도attitude로 구성된다. 회사마다 필요한 고유의 기술과 지식은 그 회사의 구성원들이 잘 아실 것이므로 여기서는 태도 또는 자세에 대해 경영자로서 느낀 중요한 점을 몇 가지 말해두고 싶다.

무엇을 가르칠 것인가

리더가 어떤 판단을 할 때 자기도 잘 의식하지 못하는 일정한 기준이 있다. 그 기준을 가치관이라고 한다. 예를 들면 이익과 옳은 것이 충돌하면 옳은 것을 따라야 한다는 가르침은 공자님과 그 제자들의 가치관이다. 평소 하는 말과 위중한 상황에서의 판단 기준이 다를 때는 후자가 가치관이다. 경영자는 자기의 판단과 행동으로 후배에게 영향을 주고 가치관을 가르친다. 이 가치관이 어떠한가에 따라 천리마가 모여들기도 하고 기껏 구해놓은 천리마가 도망가기도 한다. 보통말이 천리마를 닮아가기도 하고 천리마가 조랑말로 전락하기도 한다.

리더의 가치관에 대해서는 예수님과 공자님의 가르침이 본질적으로 같다는 것을 나는 깨달았다. 공자님은 충서忠恕, 예수님은 좁은 문과 황금률로 리더가 가져야 할 가치관을 말씀하셨다.

좁은 문, 어려워도 바르게 가야 한다

개발 독재 시절에는 "모로 가도 서울만 가면 된다"는 말이 진리 대접을 받았다. 이 말에는 목표 달성을 하려면 수단과 방법을 가리지 말아야 한다는 의미를 넘어서 모로 가지 않으면 서울을 못 갈 것 같은 불안이 담겨 있다. 절차적 정당성 또는 과정의 중요성은 세상 물정 모르는 사람의 헛소리처럼 치부되었다. 그리고 그 가치관은 오늘까지도 이어지고 있다.

얼마 전에 상담을 하다가 "직장에서 편법을 써서라도 목표를 달성하라는 압력을 받고 있는데 어쩌면 좋겠는가"라는 질문을 받았다. 듣고 나니 가슴이 답답했다. 남의 일이라고 쉽게 원론적인 대답을 해주자니 너무 성의가 없는 것 같았다. 그렇다고 목이 마르니 바닷물이라도 마시겠다는 사람에게 그렇게 하라고 말해줄 수는 없는 노릇이다. 전문경영인 후보로 꼽힐 사람이라면 이런 난처한 문제를 여러 번 경험했을 것이다. 나는 상담하러 온 분에게 이렇게 물어보았다.

"이번 달만 편법을 쓰면 다음 달부터는 그런 압력을 받지 않게 될 것 같습니까? 아니면 다음 달에도 여전히 편법을 써서라도 실적을 달성하라는 압력을 받을 것 같습니까?"

대답은 후자였다.

"매달 실적 가불해서 어떻게 견디겠습니까? 다음 달에는 이 달 가불한 실적도 처리해야 하고 플러스 추가 실적도 올려야 한다면, 그리고 그런 일이 계속된다면 어떻게 견디시겠어요? 쫓아내면 쫓겨날 각오를 하고 정도 영업의 길을 걷는 게 차라리 마음 편하지 않을까요?"

내담자의 얼굴에 무언가 비장한 결심이 스쳐갔다. 고통스럽더라도 잘 이겨내길 바랄 뿐이다.

성경에서도 좁은 문으로 들어가라고 한다. 들어가는 자가 많은 넓은 문은 멸망으로 인도하는 문이고, 찾는 자가 적은 좁은 문이 생명으로 인도하는 문이다. 처음에는 죽을 것 같아도 결국에는 사는 길이다. 모래 위에 집을 지으면 쉽게 짓고 멀쩡한 것 같아도 바람이 불고 홍수가 나면 무너지고 만다는 걸 예수님은 가르치신다. 힘들고 어렵더라도 반석 위에 집을 짓는 것, 그것이 좁은 문으로 들어가고 좁은 길로 걷는 것이다. 처음에는 죽을 것 같지만 일정 시간을 견뎌내고 나면 결코 죽지 않는다는 것을 알게 된다.

공자님이 말씀하신 충忠은 글자를 풀어보면 중심中心이다. 모든 일에 마음속에서 우러나오는 성실함으로 임하는 것이다. 주자는 이를 자기를 다하는 것인 진기盡己로 해석했다.

공자의 제자 자장이 물었다.

"초나라 영윤(재상) 자문이 세 차례나 영윤 벼슬을 하면서도 기뻐하는 기색이 없었고 매번 그 자리를 물러나면서도 서운한 기색 없이 후임자에게 상세히 일을 알려주었는데 어떻습니까?"

공자님은 "충성스럽다"고 하셨다. 공자님의 충忠은 누구에게 보여주기 위한 것이 아니다. 영윤 자문은 누구에게 보여주려고 그런 것이 아니라 진정성 있는 마음으로 맡겨진 일에 최선을 다했을 따름이라고 공자님은 본 것이다.

공자의 제자 증자는 남을 위하여 일을 도모함에 있어서 불충不忠하지는 않았는지, 다시 말하자면 진심을 다했는지 날마다 반성한다고 하였다.

편법의 길을 가는 것을 강요에 의해 어쩔 수 없이 선택한 것이라고 말할 수도 있다. 설령 그렇다고 하더라도 면책되는 것은 아니다. 결국에는 눈앞의 어려움을 모면하려고 쉬운 길, 넓은 길을 선택했다는 비난만이 남을 뿐이다. 편법을 선택하는 것은 아무리 고심 끝에 내린 결정이라도 충이 되지 않는다. 회사를 위해 편법을 택했노라고 이야기해보시라. 아무도 당신을 충성스러운 사람이라고 인정해주지 않는다. 심지어 당신의 편법에 혜택을 본 사람조차도 말이다. 경영자는 모름지기 좁은 문을 선택하는 가치관을 보임으로써 후배 천리마들을 키워야 한다.

황금률, 대접받고 싶은 대로 남을 대접하기

황금률은 수많은 종교와 도덕, 철학에서 볼 수 있는 원칙으로 "다른 사람이 해주었으면 하는 행위를 하라"는 것이다. 예수님은 산상수훈에서 "남에게 대접받고자 하는 대로 너희도 남을 대접하라"고 하셨다. 공자님은 "자기가 하고 싶은 것이 아니면 다른 사람에게 시키지 말라"고 하신다. 또 "내가 일어서고자 하면 남도 일어서게 해주고, 내가 이루고자 하면 남도 이루게 해주라"고 하셨다. 이를 한 글자로 표현하면 서恕이다. 글자를 쪼개서 풀이해보면 같은 마음(같을如 + 마음心), 즉 자기를 미루어 보아 남을 이해하는 마음이다.

'서'의 정신을 경영에 적용해보면, 내가 성공하고 싶으면 직원들을 성공하게 도와주고 고객을 성공하게 만들면 된다는 것이다. 상대에게서 이익을 많이 얻어내야 내가 성공할 것 같지만 그것은 일방적인 욕심이다. 기업의 목적을 '이익의 극대화'라고 가르치는 경영학 책이 있었다. 고객 입장에서 생각해보라. 이익 극대화를 부르짖는 기업이 어떻게 보이겠는가? 탐욕스럽게 느껴지지 않겠는가? 기업 이익을 위해 서슴지 않고 고객에게 해를 끼칠 것 같은 느낌을 주지 않는가 말이다. 그런 기업이 잘될 리 없다. 역설적으로 고객을 위해서 필요하면 손해라도 감수할 것 같은 기업은 어떤가? 그런 기업이라면 당연히 지지할 것은 물론이고, 분명 고객에게 남다른 감동을 전해줄 것이다.

그런데 이 황금률 원칙을 지키는 것이 왜 어려운가? 그것은 내가 먼저 손해 보는 길이기 때문이다. 나에게 잘해준 사람에게 내가 잘 대해주는 것은 쉽다. 그런데 그 순서가 바뀌면? '내가 잘해주었는데 상대가 받기만 하고 모른 체한다면 어떻게 하나?'라는 불안이 우리를 지배한다. 나만 손해를 볼 것 같은 생각 말이다. 이처럼 황금률은 자칫하면 바보 되기 딱 알맞은 길이다. 그래서 좁은 문과 비슷하게 선택하기 어렵고 좁은 길처럼 가기 어렵다.

'give & take'에도 순서가 있다고 한다.

'first give, next take' 이게 원칙적으로 맞다. 그러나 이렇게 하려면 나는 주었는데 못 받는 게 아닌가 하는 염려를 극복해야 한다.

사회생활에서 갈등이 생기는 것은 이 순서를 'first take, next

give'로 바꾸기 때문이다. 그렇게 하면 나는 좋지만 과연 상대가 위험을 감수하려고 할까? 누군들 자신이 먼저 손해를 보고 싶겠는가. 이런 염려에 대한 헤아림 없이 '나 먼저'를 고집한다면 갈등은 필연적일 수밖에 없다. 소통도 그렇다. 먼저 들어주고 나중에 이야기하면 되는데, 그 순서를 바꾸면 갈등과 불통이 시작된다. 소통이 원활하지 않으면 서로를 신뢰할 수 없게 된다. 그게 세상 돌아가는 이치다.

하늘의 도리는 시간이 지나야 드러난다

여러 해 동안 CEO로 일하다 보니 '좁은 문' 정신과 '황금률' 정신이 따를 만한 가치관이라는 확신이 생겼다. 이를 조금 일찍부터 확신했다면 불필요한 고민을 하지 않아도 되었을 것이라는 아쉬움이 있다.

사실 나 자신도 처음에는 확신이 없었다. 바둑으로 비유하자면 초반에 실리를 내주고 나중에 어떻게 쓰일지 잘 모르는 세력을 쌓는 기분이라고나 할까? 현금 내주고 금액은 더 많은 어음 받는 기분이라고 할 수 있을 것 같다. 이런 불안을 극복하지 못하면 좁은 문과 황금률은 가기 어려운 길이다. 그래서 이런 가치관에 대해 못 미더워하는 분들도 많으리라 생각한다. 충분히 그럴 수 있다. 좁은 문, 황금률의 가치관을 예수님, 공자님 같은 성현들이 말씀해도 믿어질 듯 말 듯한데, 세상이 주목할 만한 변변한 업적도 남긴 것 없는 어느 전문경영인의 말이 쉽게 믿어지겠는가? '좁은 문', '황금률' 가치관을 소개는 하지만, 이 글을 읽는 분들에게 따라야 한다고 강요할 마음은 없다. 그리고 강요한다고 믿어지는 것도 아니라고 생각한다. 각자 옳다고 생각하는 가치관대로 씨를 뿌리고 그 열매를 불평 없이 받으면 될 일이다.

이러한 가치관이 증명되는 것은 몇 해의 시간으로는 부족하다. 적어도 10년 이상 이런 가치관을 지키기 위해 진심으로 노력해야만 결과가 조금씩 보이기 시작한다는 것이 내 경험이다. 그러나 시간의 힘은 무섭다. 노자의 《도덕경道德經》에 보면 "하늘 그물은 넓고 성겨서 다 빠져나가는 것 같아도 빠뜨리는 것이 없다(天網恢恢疏而不失)"고 하였다. 처음에는 편법을 통해 잘 살고 출세하고 성공하는 것 같아도 10년, 20년, 30년 지나고 보니 모두 다 하늘 그물에 걸렸다. 기업 경영이라고 이 원리를 벗어날 수 있겠는가? 이런 확신이 천리마 같은 인재를 길러내는 토양이라고 나는 믿는다.

신뢰받는 리더가 피해야 할 것

천리마를 찾는 가장 빠른 길은 천리마를 찾는 사람 자신이 세상의 신뢰를 받는 것이다. 말로는 천리마를 찾는다고 하지만 실제로는 천리마가 먹고 자는 것에는 관심 없고 그저 뛰기만 강요한다면 천리마가 구해질 리 없다. 리더가 먼저 '믿을 수 있는 사람'이 되는 것이 천리마 같은 인재를 얻는 지름길이다. 나아가 리더가 말과 행동으로 모범을 보여주지 못 하면 그런 리더 밑에서는 천리마가 길러질 수 없다.

삼성경제연구소에서 발표한 다음의 도표 한 장이 신뢰에 대해 가장 간결하면서도 핵심을 짚었다고 생각해서 소개한다. 이 도표를 보면 신뢰를 받으려면 무엇을 어떻게 해야 하는지 잘 알 수 있다. 따라서 긴 설명을 붙이지는 않겠다. 다만 마지막의 일관성에 대해서는 설명을 더하는 것이 좋겠다.

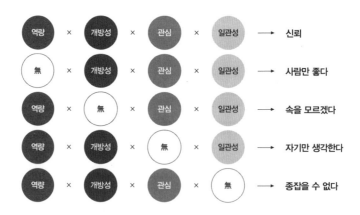

일반적으로 대부분의 리더는 자기가 일관성이 있다고 믿고 있다. 보통 확고한 원칙이 없을 때 일관성을 잃는데, 리더에게 원칙이 없는 경우는 드문 일이다. 리더가 일관성이 없을 때를 잘 살펴보면 마지막 순간까지 최선을 다하려고 애쓰기 때문인 경우가 의외로 많다. 마감 직전에 책임자가 이렇게 말한다.

"곰곰이 생각해보니 시안대로 가는 것은 문제가 좀 많겠어. 이렇게 고쳐보는 게 어떨까?"

의논의 말투를 하고 있지만 실상은 다르다. 지금까지 추진한 것을 한순간에 뒤집는 것이다. 마지막까지 최선을 다한다는 명분 아래서 말이다. 이러면 팀원들은 죽음이다. 원칙을 무조건 고집하는 것도 답답한 일이지만 자기 내키는 대로 변덕을 부려선 안 된다. 기분따라 결정을 바꾸면서 그걸 최선을 다하는 것으로 포장하고 있지는 않은지 회사의 책임자들은 살피고 살필 일이다.

리더가 의사결정을 자주 바꾸면 신중하지 못해 보일뿐더러 신뢰받지 못 한다. 팀원들은 마감 시간이 될 때까지 눈치만 보고 몰입하지 않는다. 자기가 한 일이 헛수고가 될지 모르는데 죽자 살자 덤벼들 사람이 어디 있겠는가? 금세 또 바뀔 거라는 생각이 들면 최선을 다하려는 의지도 사라진다.

그리고 디테일을 중시한다는 명분 아래 너무 세세하고 자잘한 일에 최선을 다하거나 일일이 간섭하지 말아야 한다. 숲을 보지 않고 나무에 연연하면, 신뢰는 고사하고 '대리급 팀장', '대리급 본부장'

이라고 웃음거리되기 딱 좋다.

따르고 싶은 리더란 어떤 사람인가

상대가 믿을 수 있는 사람이라고 다 따르게 되는 것은 아니다. 신뢰할 수 있는 사람은 함께 일하고 싶은 사람임에는 틀림없지만 그렇다고 자동적으로 따르고 싶은 사람이 되지는 않는다. 따르고 싶은 사람에게는 나름대로의 매력이 있다. 나는 그 매력의 포인트를 그 사람의 '꿈'이라고 생각한다.

《나는 왜 이 일을 하는가Start with Why》의 저자 사이먼 시넥은 TED 강연에서 이렇게 말했다.

"사람들은 임무(당신이 하는 일)를 구입하지 않습니다. 신념(당신이 하는 이유)을 구입합니다. 그리고 만약 당신이 신념에 대하여 말한다면, 당신의 신념을 믿는 사람들을 끌어들일 수 있습니다."

그는 마틴 루터 킹 목사를 예로 들면서 킹 목사가 수많은 군중에게 감명을 준 것은 그가 미국의 변화를 위해 무엇이 필요하다고 이야기해서가 아니라 "옛날 노예의 아들들이 옛날 노예 주인의 아들들과 함께 형제처럼 살게 되는 꿈"을 말했기 때문이라고 말한다.

그 꿈과 신념을 청중들이 자기들 것으로 받아들였을 때 놀라운 결과가 나타났다는 것이다. 청중들은 킹 목사를 위해 따른 것이 아니라 그들 스스로를 위해 움직인 것이다. 킹 목사는 "나에게 꿈이 있습니다"라는 연설을 했지, "나에게 계획이 있습니다"라는 연설을 한 것이 아니라는 것에 주목하라고 사이먼 시넥은 말한다.

20년 이상 몸담았던 회사를 떠나게 되어 회장님께 인사를 드리러 갔다. 그 자리에서 내가 무엇 때문에 이 회사에서 오랫동안 일했는지 아시는가 넌지시 여쭈어보았다. 선뜻 대답할 만한 질문이 아니란 걸 알기에 곧 내가 이유를 말씀드렸다. 입사 초기 내가 책 편집자로 일할 때, 회장님이 교육 시간에 한 이야기가 어떻게 젊은이의 가슴을 흔들었는가에 대한 이야기다.

"브리태니커에서 일 잘했다고 세계 여러 나라 연수를 시켜주었다. 외국에 나갈 기회를 얻기 어려운 때였는데, 같이 간 다른 이들이 외국 물건에 마음 빼앗겨 있을 때 나는 서점에 들러서 책을 주로 보았다. 책을 참 잘 만들더라. 우리나라 아이들도 이런 책을 볼 수 있었으면 좋겠다고 생각했다. 그러니 여러분들이 좋은 책을 만들어 달라."

이 이야기에 큰 도전을 받았다. 물론 이 이야기 때문에 내가 전적으로 헌신한 것은 아니다. 그렇지만 어렵고 힘들어서 그만두고 싶을 때 나를 주저앉힌 핑계거리는 충분히 되었다.

천리마 같은 인재를 구하려면 경영자는 내가 왜 이 일을 하는지, 자기 꿈에 대해 이야기할 수 있어야 한다. 그 이야기가 인재를 불러모으는 촉매제가 될 것이다.

천리마를 뛰게 하는 데는 천리마를 제대로 인정해주는 것 역시 필요하다. 선비는 자기를 알아주는 사람을 위하여 목숨을 바친다고 하였다. 사마천의《사기》〈자객열전〉에 나오는 예양이라는 사람과 관련된 이야기다.

예양이 자기가 섬기던 지백이 경쟁자 조양자에게 목숨을 잃자 복수를 결심한다. 몇 차례 시도했으나 결국은 실패로 끝나고 만다. 이에 조양자가 이렇게 예양을 꾸짖는다.

"너는 옛날에 다른 중신들도 섬기지 않았느냐? 그들을 죽인 것은 다름 아닌 지백이었다. 그런데 그때 너는 주인의 원수를 갚기는커녕 도리어 원수의 신하가 되었다. 그랬던 네가 이제 지백이 죽었다고 그 원수를 갚겠다면서 나를 노리니 말이 안 되지 않는가?"

그러자 예양은 "저는 범씨와 중항씨를 섬긴 일이 있습니다. 범씨와 중항씨는 모두 저를 보통 사람으로 대접하였으므로 저 역시 보통 사람으로서 그들에게 보답하였을 뿐입니다. 그러나 지백은 저를 국사國士로 대우하였기에 저도 마땅히 국사의 예로 그에게 보답하려는 것입니다"라고 답하였다.

천리마를 뛰게 하려면 어떻게 해야 하는가? 천리마에게 꿈을 보여주어야 한다. 그리고 천리마를 천리마로 존중할 줄 알아야 한다. 이런 리더가 따르고 싶은 매력이 있는 사람이다.

인재에 대해 중요한 점을 정리하면 다음과 같다.

1 경영자가 인재를 구하려면 인재를 알아보는 안목을 길러야 한다.

2 사람은 말과 행동을 보면 대개는 알 수 있다. 말귀를 알아듣는 사람이 인재일 가능성이 크다.

3 인재의 역량은 태도, 가치관에 의해서 크게 좌우된다. 리더가 가져야 할 가치관으로 모로 가면 서울 못 간다. 바르게 서울 가야 한다는 '좁은 문' 정신과 자기가 대접받고 싶은 대로 남을 대접해야 한다는 '황금률' 정신을 권한다.

4 신뢰받는 리더가 되기 위해서는 역량, 개방성, 관심, 일관성을 가져야 한다.

5 천리마 같은 인재를 구하려면 경영자 자신이 매력적인 꿈을 꾸고 있어야 한다. 그리고 상대를 존중할 줄 알아야 한다.

이나모리 가즈오
37.9×45.5(cm) 캔버스 유화

6장

소통과
실행

이나모리 가즈오(1932~)

이나모리 가즈오는 마쓰시타 고노스케, 혼다 소이치로와 함께 일본을 대표하는 경영자다. 그는 2015년 일본에서 4,500만 명을 대상으로 '일본인이 가장 존경하는 인물이 누구인가'라는 조사에서 무려 65퍼센트의 압도적인 표를 받았다. 아마도 2011년 파산 직전의 일본항공JAL을 헌신적으로 노력해서 기사회생시킨 것이 크게 작용한 것으로 보인다.

이나모리 가즈오의 경영기법은 '아메바 경영'으로 널리 알려져 있다. 아메바는 자신을 둘러싼 환경 즉 온도, 압력 등이 변화하면 자신의 모양을 신속하게 바꾸는 특성이 있다. 아메바 경영은 한마디로 환경의 변화에 따라 모습을 신속하고 유연하게 바꾸는 아메바의 특성을 기업 경영에 접목한 것이라고 할 수 있다. 회사 전체 조직을 기능, 역할 등에 따라 여러 작은 조직으로 세분화해 하나의 회사처럼 운영하고 그 리더는 소사장 역할을 하는데, 각 작은 회사가 바로 아메바다. 이렇게 함으로써 회사 내에서 경쟁 원리가 작동하여 효율성이 높아지고, 기업가정신이 넘치는 리더가 배출되어 성장의 동력이 넘치게 된다.

아메바 경영이 성공하려면 다음 두 가지가 충족되어야 한다.
첫째, 경영자 의식을 가진 공동경영자가 다수 육성되어야 한다. 이는 회사와 종업원 사이에 기업의 목적과 당면 과제를 공동으로 인식해야만 가능하다. 그리고 소사장에게는 일정한 의사결정권한이 주어져야 한다.
둘째, 각 아메바의 손익 현황을 실시간으로 공정하게 측정할 수 있는 관리회계 시스템이 확립되어야 한다. 이런 시스템이 없으면 즉각적 판단과 대응이 불가능하다.

결국 경영은 무엇을 어떻게 소통하고 어떻게 실행할 것인가의 문제로 귀결된다고 할 수 있다.

수평적 조직의
핵심은 소통

•

•

•

　기업의 생존과 성장을 위한 경영 전략을 수립하는 과정에도 긴밀한 커뮤니케이션이 필요하고 실행에 옮기는 과정에서도 커뮤니케이션이 필요하다. 기업이 고객과 어떻게 커뮤니케이션을 하는가에 따라 기업 브랜드 이미지가 크게 달라지는 것도 사실이다. 어찌 보면 경영 행위는 커뮤니케이션을 통해 기업의 생존을 이어가는 것이라고도 할 수 있겠다. 기업의 실력은 효과적 커뮤니케이션 능력과 비례한다고 보아도 무방하다.

　그런데 현실에서는 젊은 후배들이 선배들과 소통이 안 돼서 어려워한다. 한마디로 선배들은 '강요라고 써놓고 설득이라고 읽는다'는 것이다. 선배들은 뭐라고 하는가? 요즘 젊은 후배들은 독특하다고 한다. 자기들과 많이 다르다는 것이다. 시니어 관리자 입장에서 보면 신입사원이든 중견사원이든 둘 다 만만치 않은 개성을 가졌다. 그런데 무슨 이야기가 어떻게 전개되든 간에 결론은 경영자는 회사 안팎으로 소통의 책임자라는 것이다.

병목은 병 위쪽에 있다

어느 회사의 경영진에게서 요즘 회사 안에서 소통이 잘 안 돼서 답답하다는 말을 들었다. 한참 이야기를 들어보니, 자기 생각이 아래로 잘 전달되지 않는다는 이야기였다.

그의 말을 들으며 그럴 수밖에 없을 거라고 생각했다. 그 사람은 대화하는 내내 자기 말만 하려 할뿐 나의 말은 도통 들으려고 하지 않았다. 생각의 나눔이 아니라 오로지 자기 답답함을 들어줄 사람이 필요한 것 같았다. 그러니 회사에서도 자기 말만 하고 아랫사람 말에 귀 기울이지 않을 것이라는 게 너무 뻔히 보였다.

소통은 잘 설득하는 데 있지 않고 잘 듣는 데서부터 시작된다. 소통의 병목 현상이라고 말하는데, 병목은 병의 윗부분에 있지 않은가? 위쪽이 막히는 것이 불통의 원인이다. 도로에 병목현상이 일어나면 병목 도로가 답답한 게 아니라 거길 지나는 자동차 운전자들이 답답하다. 어쩌면 병목인 윗사람들은 소통 부재에 따른 고통을 느끼지 못할지도 모른다. 정작 힘든 건 아랫사람들이다.

강요를 설득과 소통이라 착각하는 건 아닌가

아는 사람으로부터 자기가 다니는 회사가 최근 '소통을 통한 성과 향상'을 목표로 삼았다는 말을 들었다. 그 회사는 얼마 전까지 국내에서 독과점적 지위를 누려왔다. 그런데 최근 관세 장벽이 약화되면서 해외 제품의 국내 시장 점유율이 높아지고, 그동안 소홀했던 고객 관리 활동 때문에 이탈하는 고객들이 늘어나는 등 위기를 맞았다고 한다. 이를 극복하기 위한 대안으로 회사는 '소통 강화'를 내세웠다는 것이다.

그런데 이야기를 들어보니 문제가 많았다. 무엇보다도 소통에 대한 회사 내의 인식이 문제였다. 그들은 소통을 '빠른 시간 안에 아랫사람을 설득하는 것'으로 인식한 듯 보였다. 이전까지 그 회사에서는 위에서 시키면 찍소리 말고 시키는 대로 하라는 소위 군대식 문화가 지배했다. 그러다 보니, '왜 이 일을 해야 하는지'에 대해 윗사람이 설명해주는 것을 소통 강화라고 하는 것 같았다.

그것을 진정한 소통이라 하기는 어렵다. 오히려 조금 세련돼 보이는 방식으로 윗사람의 의지를 강요하는 것이라 해야 맞을 것이다. 무지막지하게 일방적으로 강요하던 방식 대신 말로 강요하는 방식으로 전환한 것이다. 이걸 소통 강화라고 하는 것이 궁색하게 느껴진다.

회사 일에서 성과를 내려면 당연히 설득의 과정이 필요하다. 그러나 자기 생각에서 한 발자국도 물러날 마음이 없으면, 다시 말해서 나와 다른 상대방의 의견을 받아들일 준비가 전혀 되어 있지 않다면 그런 대화는 소통이 아니라 강요이다. 상대는 납득했기 때문에 수용하는 게 아니라 역학 관계상 자기 힘이 부족함을 알기에 받아들일 수밖에 없는 것이다. 그건 진정한 소통과 거리가 멀다.

말을 많이 하면 소통이 잘될까

소통이 중요하다고 해서 커뮤니케이션의 양을 늘리려는 리더들이 많다. 하지만 업무와 관련해서는 많은 커뮤니케이션보다는 '정확하고 간결한' 커뮤니케이션이 더 긴요하다. 대부분 기업의 현실은 공식적·비공식적 회의나 보고, 이메일과 전화 등 오히려 커뮤니케이션의 양이 과한 편이다. 소통하지 않았다는 질책을 면하려고 내용을 거르지 않고 무조건 메일을 전달하고 보는 것도 문제를 일으킨다. 소통의 문제는 양보다는 내용과 방식에 있다.

아랫사람의 의견을 물어보거나 그들이 제시한 의견에 반응을 보이지 않은 채 일방적으로 방향을 지시하고 부정적인 단어와 표현으로 지적질 위주의 피드백을 한다면 어떨까? 그런 커뮤니케이션은 많으면 많을수록 도리어 회사에 독이 된다.

잭 웰치는 GE 최고경영자로 일하면서 경영자가 700번 이상 반복해서 말하지 않으면 전달되지 않는다고 하였다. 집요한 커뮤니케이션을 강조한 것이다. 이 말을 어떻게 이해해야 할까? 경영자가 앵무새가 되어야 한다는 말인가? 지루하게 반복을 해야만 알아듣는 게 직원 탓일까? 알아들은 것 같아도 그게 제대로 알아들은 것이 맞을까, 아니면 더 듣기 싫어서 알아들은 척해주는 것일까?

잭 웰치의 말을 해석할 때 횟수에 방점을 둬서는 안 된다. 잘 못 알아들으니 여러 번 반복해서 말하라는 게 아니다. 경영자는 언제 어디서나 일관된 메시지를 말해야 하며 회사의 모든 실행 방향이 경영자의 말과 한 방향으로 정렬되어야 한다는 뜻으로 새겨야 한다. 직원을 무관심병자로 보거나 말귀 어두운 존재로 취급하라는 말이 결코 아니다.

경청, 제대로 된 소통의 시작

제대로 된 소통은 상대방의 이야기를 진심으로 듣는 데서 시작된다. 그리고 그것은 내 고집을 일단 내려놓는 데서 진정성이 담보된다. 상대가 이야기하는 동안 듣지 않고 자기 할 말만 골똘히 생각하는 것은 좋은 소통의 자세가 아니다. 범위를 넓혀서 생각해보자. 고객들이 왜 기업에 등을 돌리고 떠나는지 아시는가? 고객이 말해도 그 기업이 귀를 막고 듣지 않기 때문이다. 그러면서 자기 회사가 하고 싶은 말만을 쏟아내고 있다. 여러분 같으면 내 말은 안 듣고 자기 말만 하는 사람과 사귀고 싶겠는가? 나는 사귀고 싶지 않다. 누구라도 그럴 것이다.

공자님은 소통을 잘하려면 먼저 네 가지를 끊어내라고 조언하신다.

첫째는 무의毋意다. 내 뜻대로 밀고 나가려고 하는 마음에 결박당하지 않아야 한다.

둘째는 무필毋必이다. 혹시 무엇인가를 꼭 해야만 한다는 생각으로 스스로를 묶고 있는 건 아닌지 살펴야 한다.

셋째는 무고毋固다. 어떤 것이 옳다고 미리 단정하면 안 된다.

넷째는 무아毋我다. 우월감이건 열등감이건 '내로라' 하는 마음에 사로잡혀 있지 말아야 한다. 결론적으로 나를 내려놓을 마음이 없으면 진정한 소통은 없다고 보아야 한다.

알고 있다고 생각해도 가끔 물어보라

마음이 통하는 것을 중요시하다 보면 때로는 서로 잘 알고 있겠거니 생각하면서 기초적인 사항을 확인하지 않아 낭패를 보는 경우도 있다.

둘째 딸이 일본 여행을 떠났을 때 공항에 데려다주면서 생긴 일이다. 인천공항으로 가기 위해 서울 외곽순환 도로에 올랐다.

> 딸 : 아빠, 어디로 가세요?
>
> 나 : 공항, 인천 공항.
>
> 딸 : 어, 김포 공항인데….
>
> 나 : 그걸 미리 말해줬어야지.
>
> 딸 : 안 물어보셨잖아요. 알고 계신 줄 알았죠.
>
> 나 : …

다행히 공항 고속도로 타기 전에 계산동 IC에서 방향을 바꾸어 무사히 김포 공항에 데려다주었다. 회사에서도 이런 일이 가끔 벌어진다. 내가 잘 알고 있다고 생각하는 것도 가끔 확인하는 습관을 가지면 좋겠다.

메시지의 진실성이 가장 중요하다

회사 중견 사원이라면 다음의 '솔개 이야기'는 한번쯤 들어보셨을 것이다.

솔개는 가장 장수하는 조류로 알려져 있다. 길게는 약 칠십 살의 수명을 누릴 수 있는데 이렇게 장수하려면 약 사십 살이 되었을 때 매우 고통스럽고 중요한 결심을 해야만 한다.

솔개는 약 사십 살이 되면 발톱이 노화하여 사냥감을 그다지 효과적으로 잡아챌 수 없게 된다. 부리도 길게 자라고 구부러져 가슴에 닿을 정도가 되고, 깃털이 짙고 두껍게 자라 날개가 매우 무거워져 하늘로 날아오르기가 나날이 힘들어진다. 이즈음이 되면 솔개에게는 두 가지 선택지가 있다. 그대로 죽을 날을 기다리든가 아니면 약 반년에 걸친 매우 고통스런 갱생 과정을 수행하는 것이다.

갱생의 길을 선택한 솔개는 먼저 산 정상 부근으로 높이 날아올라 그곳에 둥지를 짓고 머물며 고통스런 수행을 시작한다. 먼저 부리로 바위를 쪼아 부리가 깨지고 빠지게 만든다. 그러면 서서히 새로운 부리가 돋아나는 것이다. 그런 후 새로 돋은 부리로 발톱을 하나하나 뽑아낸다. 그리고 새로 발톱이 돋아나면 이번에는 날개의 깃털을 하나하나 뽑아낸다. 이리하여 약 반년이 지나 새 깃털이 돋아난 솔개는 완전히 새로운 모습으로 변신하게 된다. 그리고 다시 힘차게 하늘로 날아올라 30년의 수명을 더 누리게 되는 것이다.

이 이야기는 '과감한 희생을 통한 조직의 혁신'에 관한 교육 자료로 많은 사람들이 인용해왔다. 그런데 이 예화가 생물학적으로는 '뻥'이라는 걸 아시는가? 솔개의 생명은 25년 남짓이며, 앞선 행위들을 했다가는 당장 죽음의 위험에 처하게 된다. 허위에 바탕을 둔 스토리가 아무리 감동적이면 뭐하겠는가? 리더들은 메시지를 전하기 위해 이야기를 인용할 때 그것이 사실인지 아닌지 항상 주의를 기울여야 한다. '뻥'에 감동받았다는 걸 알게 되면 얼마나 허무한지… 당해본 사람들은 다 안다. 게다가 거짓 이야기로 동기부여와 희생을 강요한다면 그런 조직과 리더를 신뢰하는 것은 불가능할 것이다.

부하를 고객이라 생각하라

《부하를 고객이라 생각하면 90퍼센트의 일은 잘된다部下を[お客さま]だと思えば9割の仕事はうまくいく》의 저자 하야시 후미코는 책에서 이렇게 말한다.

> 관심 없는 고객의 마음을 어떻게 돌려놓느냐에 영업의 성패가 달렸다. 상사와 부하의 관계도 마찬가지다. 부하에게 얘기할 때는 반드시 ○○ 씨라고 이름을 부르고, 일이 있으면 자기 자리로 부르는 대신 스스로 다가가라.
> 부하의 실패와 고민에 대해서는 "이해하네, 나도 그랬어"라고 우선 공감을 보이라. "내가 그 자리에 있었으면 도와줄 수 있었을 텐데. 내 실수도 있었네. 미안하네"라고 말하면 부하직원은 다시 한 번 해보겠다는 생각이 든다.

부하의 실패를 모두 상사가 짊어지면 윗선은 버틸 수 없다. 실패의 책임을 모두 혼자서 짊어지라는 말이 아니다. 하지만 실패를 보고할 때 상사가 무조건 질책하는 대신 상대의 마음을 위로하고 공감을 표현하면, 부하직원도 분명 무언가 느끼는 점이 있을 것이다.

이 글을 읽다 보니 부인이나 남편을 고객이라고 생각하면 싸울 일이 없겠다는 생각이 문득 든다. 자식도 하늘이 내게 보내준 고객이라고 생각하면 의가 상할 일이 없다. 부하 직원도 마찬가지다. 내가 과도하게 기대하고 바라기 때문에 관계가 틀어지는 것인지 모른다. 내가 원하는 대로 안 한다고 자주 화를 내면 갈등할 수밖에 없다. 상대에 대한 과도한 기대는 욕심이다. 욕심은 고통의 뿌리다. 더 근본적으로 생각해보면 상사라고 부하를 가르친다는 명분하에 인격적으로 모욕감을 줄 권한이 있는가 의문이다. 그렇게 하는 것은 너무 쉽게 성과를 내려는 욕심에서 비롯된 것이 아닌가 생각한다.

가와가타 기타요리는 《마흔, 자신을 돌아봐야 할 시간》이라는 책에서 사람을 꾸짖는 방법으로 다음과 같이 일곱 가지를 제시하고 있다. 조금 세게 야단치면 쉽게 삐치는 후배들 때문에 고민하는 분들이라면 참고할 만한 내용이다.

첫째, 부하들을 타인과 비교하면 안 된다.

둘째, 인간성을 비판하지 마라.

셋째, 사람들 앞에서 야단치지 마라.

상사는 일의 개선을 위해서 부하직원을 나무랄 수 있는 것이지 그 인격을 나무랄 권한이나 자격이 있는 것은 아니다. 타인과 비교하여 부하직원의 열등감을 자극하고 체면을 깎아내리는 것은 어떤 명분 아래서도 해서는 안 된다. 실력이 부족하다고 인격이 모자라는 것은 더더욱 아니라는 점을 명심해야 할 것이다.

할머니가 기침하는 손녀에게 "너 왜 자꾸 기침하니?"라고 하자 손녀가 울먹이면서 되물었다.

"기침하는 게 죄도 아닌데 왜 자꾸 뭐라고 하세요?"

우리 집 이야기다. 할머니는 염려가 되어서 한 말이지만 손녀에게는 비난으로 들렸던 모양이다. 직장에서도 이와 비슷한 일들이 꽤 많다. 걱정과 비난을 구분해야 하며, 비난하듯 염려의 말을 해서는 안 된다. 후배들 때문에 고민인 분들이 참고할 나머지 네 가지는 다음과 같다.

넷째, 질책하면서 자신의 울분을 터뜨려서는 안 된다.

다섯째, 질책은 길어야 5분이다. (내 생각엔 5분도 길다.)

여섯째, 질책은 일이 터진 바로 '그때' 해야 한다.

일곱째, 상대에게 여전히 기대감을 갖고 있음을 알려주라.

질책은 잘못된 것을 고치기 위한 것이지 잘못한 것에 대한 징벌이 되어서는 안 된다는 뜻이다. 옛날 내가 다니던 학교에는 학생들이 수학 문제를 풀다 틀리면, 틀린 문제 수만큼 때리던 교사가 있었다. 맞으면서도 억울했던 기억이 지금도 생생하다. 누가 틀리고 싶어서 틀렸는가? 모르니까 학생이고, 전부 알 수 없어 틀리는 것이 있으니 배우러 학교 다니는 것 아닌가? 직장도 마찬가지다.

잘못한 것을 차곡차곡 모아두었다가 한꺼번에 터뜨리는 것도 현명하지 못한 짓이다. 작심한 듯 모아둔 것들을 쏟아내기 시작하면 부하는 마른하늘의 날벼락처럼 비난의 홍수를 맞는다. 매번 지적하기가 껄끄러워서 그런다지만, 잘못을 고치는 방법은 가르침이지 꾸짖음이 아니다. 질책하는 것밖에 가르칠 길이 없다는 생각은 너무 편협하다. 그리고 상대에 대한 기대가 요샛말로 1도 없다면 조용히 내보내면 된다. 사람을 모욕하는 것은 그 어떤 경우에도 하지 말아야 한다는 걸 기억하자.

실제로 성과를 내는
실행의 요체

●

●

●

    소통의 요체가 상대의 말을 존중하는 것이고 귀 기울여 듣는 것
이라면 실행의 요체는 효과적으로 성과를 내는 것이다. 실행의 목
적은 기업이 창출하는 성과가 단기 효율을 넘어 장기적으로 기업의
존재 이유에 접근하는 것이어야 한다. 이것의 의미를 기억하고 있
어야 한다.

    기업에서는 회의라고 하는 과정이 소통을 거쳐 실행에 들어가는
문과 같은 구실을 한다. 그런데 하는 일 중에서 비생산적인 업무가
무엇인가를 관리 책임자들에게 물어보면 대부분 '회의'를 꼽는다.
회사 안에 정보가 공유되고 의견이 소통되려면 회의가 꼭 필요할
텐데 왜 이렇게 회의에 대해 부정적인 생각을 갖는 것일까?

회의는 어떻게 해야 하나

그것은 쓸데없는 회의가 많고, 회의를 해도 갈등만 심화되고 결론이 잘 안 나오며, 사장이 질책하는 방법으로 회의를 이용할 때가 많고, 회의에 참석하면 뭔가 숙제를 받을 가능성이 크고, 무엇보다도 비교당하며 실적을 쪼이는 자리가 될 가능성이 크기 때문이다. 그래서 회의會議는 회의懷疑의 대상이 된다.

경영학자 피터 드러커는 유능한 경영자가 갖춰야 할 중요한 덕목 중에 하나로 회의를 생산적으로 하는 것을 제시했다. 이를 위해 경영자는 회의 목적을 명확히 알아야 하며 회의가 쓸모없는 시간 낭비가 되지 않도록 해야 한다고 조언한다. 그리고 가장 중요한 것으로 사람들이 말하지 않는 것까지도 경영자는 들으려고 노력해야 함을 강조한다.

분명한 것은 높은 사람이 먼저 결론을 꺼내면 그다음에 나오는 발언들은 거의 의미가 없어진다는 점이다. 이를 전제로 하고 다음과 같은 회의가 되도록 경영자들은 노력해야 한다.

1 회의의 목적이 분명하며 참석자들이 사전에 알고 있다.

2 회의의 횟수와 참석자는 최소로 한다. 그러면서도 참석하지 않은 사람들이 소외감을 느끼거나 회의의 결론에 대해 모르는 일이라고 발뺌하지 않아야 한다. 습관적으로 하는 회의, 불필요한 회의는 하지 않는다.

3 회의는 보고서 낭독회가 아니라 실제적 토론이 이루어지는 자리다.

4 회의에는 결론을 내는 책임자가 있다. 그리고 논의된 것이 실행되도록
   하는 책임자가 누구인지 분명히 정해져야 한다.

실적과 성과

실적은 '매달 활동한 결과'이고, 성과는 바람직한 모습을 보이는 '실적의 장기적 추세'이다. 경영자는 이 둘의 관계를 잘 알고 있어야 한다.

매달, 그 달의 실적을 내기 위해 최선을 다한다고 해서 당연히 최선의 장기적 성과가 나오는 것은 아니다. 단기 최적이 장기 최적을 방해하는 경우도 많다. 매달 실적을 내지 못하면 들볶인다. 그렇다고 수단과 방법을 가리지 않고 실적을 추구하면 어떻게 되는가? 그 달은 실적이 나올지 몰라도 그런 실적은 지속되기 어렵다. 눈앞의 어려움을 모면하려고 황금알 낳는 거위의 배를 가르는 잘못을 결코 범해서는 안 된다. 경영자는 단기 실적 때문에 장기적으로 성과를 내는 토대를 허물어서는 안 된다는 것을 꼭 기억하시라고 말하고 싶다.

아울러 한 부서가 최선의 결과를 올리는 것이 전체 회사에는 오히려 해가 되는 경우도 있다는 것을 알아야 한다. 생산 단가를 낮

춘다고 판로가 불확실한 상품의 원료를 대량으로 구입하면 어떻게 되겠는가? 생산 부서로서는 잘한 일인지 모르지만 회사 자금 흐름은 엉망이 되어 회사가 위험해질 가능성이 커진다. 이는 상식이다. 경영자는 부분 최적이 전체 최적에 악영향을 끼치지 않도록 조율해야만 지속적 성과를 올릴 수 있음을 알아야 한다. 이를 위해서 역설적으로 각 부문에다 지나치게 최선을 다하도록 요구하지 말아야 한다. 이런 절제가 최고경영자에게는 꼭 필요하다.

신뢰를 구축하는 공정한 관리

내가 존경하는 백석기 회장님에게서 일을 추진할 때 다음 사항을 점검 기준으로 삼으라고 나는 배웠다. 이런 기준을 통과하면 어떤 일을 추진해도 큰 문제가 없을 것이라고 하셨다. 이 기준 속에는 해군에 오랫동안 복무해오면서 후배들로부터 존경받는 지휘관이 되신 비결이 담겨 있다고 생각한다.

첫째, 합리성이 있는가.

과학적인 사실은 확인이나 증명이 쉽지만 인간관계에 관한 일들은 기준이 모호한 경우가 많다. 이럴 때는 상식적, 보편적, 도덕적 이치를 따져서 내가 하고자 하는 일에 합리성이 있는지를 본다. 조금이라도 꺼림칙하면 이치에 맞지 않는 것이고, 합리성이 충분하다면 공정한 관리를 하고 있는 것이다.

둘째, 형평성이 있는가.

무슨 일을 하든지 일관성 있는 기준을 적용해야 한다. 법령이나 회사 규정은 꼭 지켜야 할 기준은 제공해주지만 그렇다고 해서 모든 상황에 해답을 주지는 못한다. 그래서 관리자의 성향에 따라 조직의 분위기가 다른 것이다. 같은 업적을 이룬 사람에게는 같은 상을 주고 잘못을 저지른 사람에게는 같은 책임을 묻는 관리자는 공정한 관리자로 인식되고, 조직에 신뢰감을 뿌리내리게 한다.

셋째, 일을 중심에 놓고 생각하라.

다시 말하면 사심을 버려야 한다는 뜻이다. 내 이익을 추구하지 말고 항상 업무를 중심에 놓으면 공정한 관리는 저절로 가능해진다. 부패한 자는 자신에게 이로운 방법을 궁리하고, 심한 경우 겉으로는 일을 중심에 놓는 것처럼 행동하면서 속으로는 자기 욕심을 추구한다. 이런 인물에게 진정한 협조자가 생길 리 없다. 일도 잘될 수 없고 나중에 불명예만 줄줄이 찾아온다.

넷째, 공개의 원칙을 지키라.

어떤 일이든지 비밀에 쌓여 있으면 누구나 궁금해하고 의심을 가져보게 마련이다. 성격상 기밀을 유지해야 하는 특수한 일을 제외하고는 떳떳한 일이라면 공개하지 못할 이유가 없다. 공개를 전제하고 일하면 일의 내용도 투명해진다. 은근슬쩍 수단을 부리고 싶다가도 공개를 생각하면 떳떳한 일만 하게 될 테니 말이다.

편법을 부르는 지표 관리

측정되지 않는 것은 관리되지 않는다고 피터 드러커는 말했다. 이 말은 측정되지 않는 것은 중요하지 않다는 말이 결코 아니다. 그런데도 측정되는 숫자만 금과옥조로 삼는 경영자들이 많다.

이들은 과학적으로 경영하겠다는 일념으로 BSC 관점에서 부서 KPI를 도입하여 회사를 경영한다. 그런데 막상 이를 도입해서 실행해보면 여러 가지 문제에 봉착하게 된다. 대표적으로 어떻게 현실과 목표를 적절하게 반영하는 관리지표를 개발할 것인가의 문제와 이 지표를 어떤 목적으로 쓸 것인가에 대한 문제다.

이것이 잘 정립되지 않으면 과학적 관리는 사라지고 편법을 부르는 경영관리 활동만 남게 된다는 것을 기억해야 한다. 한마디로 경영 지표는 좋은데 실제 회사는 망가져가는 일이 벌어지게 된다. 실제로 그런 사례를 많이 보았고 지금도 듣고 있다. 분명한 것은 KPI 수립에 있어서 전사적 관점이 일관되게 관철되지 않으면 각 부서는 다른 부서나 회사의 이익은 거들떠도 안 보고 오로지 자기 부서의 지표에 매달리게 될 가능성이 아주 크다는 것이다.

예를 들어보자. 신규 고객 유치가 어느 부서의 유일한 관리지표가 되면 기존 고객 유지는 관심 밖으로 밀려나게 된다. 그렇게 되면 결과적으로 고객 유지 담당 부서에 피해가 되는 결정을 서슴

없이 내리는 경우도 생겨난다. 지표를 채우고 성과를 달성하기 위해 기업에 유익이 되지 않는 걸 알면서도 손쉬운 방법을 택하는 것이다. 구매력도 구매 의사도 없는 고객을 신규 고객이랍시고 비용을 써서 잔뜩 유치하는 게 도대체 무슨 짓이란 말인가? 전사적 관점이 실종되면 이처럼 실익은 하나도 없는 일을 마케팅 활동이라고 하면서 돈만 낭비하게 되는 것이다.

예를 하나 더 들어보자. 교육 서비스 사업이 번창하려면 무엇보다 교육 서비스를 제공하는 교사의 업무 만족 수준과 유지율(정착률)이 높아야만 된다는 것은 상식이다. 어느 회사의 최고 관리자가 이를 깨닫고 교사 유지율을 높이는 것을 KPI로 삼아서 현장 조직을 독려하기 시작했다. 위에서 하도 들볶고 압박을 하니까 현장은 쉬운 편법을 쓰기 시작했다. 그들이 쓴 편법은 그만둔 교사인데도 퇴직 처리를 하지 않고 마치 일하고 있는 것처럼 꾸민 것이다. 이게 비법이라도 되는 양 여기저기서 벤치마킹까지 한다. 편법을 쓴 조직은 교사 유지율이 높다고 상까지 받는다. 이러면 회사 망한다.

이렇게 된 원인은 상황 파악에 써야 할 지표를 평가 보상 도구로 썼기 때문이다. 회사가 처한 상황을 있는 그대로 보여주어야 할 지표가 보상을 받기 위해 꾸며야 할 지표가 되는 순간 회사는 병들기 시작한다는 것을 경영자는 알고 있어야 한다. 이를 극복할 나름대로의 대책을 세우는 것도 경영자의 몫이다.

직장인들에게 영혼 불어넣기

　여론조사 전문기관인 갤럽은 오랫동안 전 세계 직장인들을 대상
으로 업무 만족도를 측정해왔다. 그 결과보고서의 내용은 경영자들
에게 꽤나 충격적이다. 미국의 경우, 일에 몰입하고 있는 근로자보
다 그렇지 않은 근로자가 두 배 가량 더 많다고 보고한다. 더 놀라
운 것은 적극적으로 몰입하지 않고 있는 사람이 몰입하고 있는 사
람 수의 반을 넘는다는 것이다.

세 유형의 직장인

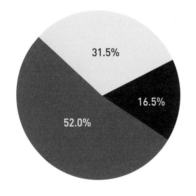

몰입Engaged : 여기에 속하는 직원들은 열정을
갖고 일하며 회사와 깊은 유대감을 느낌. 생산성
이 높음

수동적 비몰입Not Engaged : 출근 체크하고서는
시간 때우기로 지내는 부류. 열의가 없어 좀비처
럼 보임

적극적 비몰입Actively Disengaged : 회사에서
일하는 것을 비참하게 여김. 때때로 회사 활동을
적극적으로 방해하기도 함

※ 갤럽 조사, 미국, 2015

　그래도 미국은 양호한 편이다. 전 세계적인 통계로는 몰입하
고 있는 근로자가 13퍼센트에 불과하다고 하니 일을 시키는 입장

이나 하는 입장 모두 심각하게 이 문제를 직시해야 할 것이다. 우리나라의 경우 몰입한다는 비율이 8퍼센트 이하라고 하니 더 말할 것도 없겠다.

몰입을 하지 못하는 이유가 인센티브나 벌칙과 같은 외적 동기부여의 부족에도 있겠지만 그것보다는 이 사회가 더 이상 '당근과 채찍'이라는 외적 동기부여 원리에 의해 작동하지 않기 시작했다는 것이 많은 학자들의 지적이다.

경영자의 입장에서 보자면, '당근과 채찍'은 처음에는 효과가 있는 것처럼 보인다. 문제는 시간이 지날수록 효과가 없어지는 것을 확실하게 체감한다는 것이다. 그렇다고 다른 효과적인 대안이 있는 것도 아니어서 선배들이 하던 방법을 어쩔 수 없이 답습하고 있는 것이 현실이다.

다니엘 핑크가 그의 저서 《드라이브Drive》에서 제시하고 있는 세 가지 내적 동기부여 원리인 자율성Autonomy, 숙련Mastery, 목적Purpose은 이런 딜레마에 빠진 경영자들에게 대단한 인사이트를 주었다.

자율성

일하는 방법을 세세하게 규정해서 그에 따르도록 하는 길에서 벗어나 결과를 내는 길을 스스로 선택하게 하는 것. 하던 일도 멍석 깔아놓으면 하고 싶지 않은 심리를 역으로 바라본 것이다. 누가 시킨 것이 아니라 내가 스스로 선택한 것이기 때문에 힘들어도 재미 있게 하려는 마음이 생기는 것이 바로 내적 동기부여 원리다.

숙련

몰입해서 숙련도를 높이고, 성취로부터 자부심을 갖는 것. '달인'들은 효율적으로 일해서 돈을 많이 벌 수 있다는 것보다는 남보다 훨씬 잘할 수 있다는 것, 그 자체에서 대단한 자부심을 느낀다. 열심히 했더니 실력이 늘었다는 확신이 생기면 힘든 일도 재미있게 된다. 누가 시키지 않아도 그 일을 더 하고 싶어진다.

목적

일 속에서 내 삶에 더 큰 의미를 부여하는 목적을 찾는 것. 내가 하는 일이 힘들고 따분해도 누군가에게 도움이 된다는 것을 알면 참고 할 수 있다. 예를 들면 자원봉사자들이 느끼는 보람은 일의 목적을 알기 때문에 생기는 것이다.

그러나 현실에서 막상 이들 원리를 적용하고자 하면 문제에 부딪힌다. 예를 들어 자율성을 주려고 하니 직원들이 자기 권리만 챙기고 성과는 내지 않으면 어떻게 하나 하는 소위 '먹튀'에 대한 염려가 생기는 것이 그것이다. 그러나 불신을 극복하는 방법은 더 촘촘한 안전장치를 만드는 것이 아니라고 생각한다. 뒤통수 맞을 각오를 하면서 먼저 믿는 것이 그래도 불신을 극복하는 길이 아닐까 싶다.

직원들이 영혼을 담아 일하게 하는 방법

다음에 열거한 것들은 큰 위험 부담 없이 직원들이 영혼 있게 일하도록 하는 방법이라고 생각하여 제시한다. 각자의 현업에서 한번 응용해보시기를 권한다.

재량권 부여

일의 목적과 투입 물량에 대해 합의를 하고 그 구체적 방법을 일임하는 것이 재량권을 주는 것이다. 예를 들자면 20만 원 들여서 여덟 사람이 먹을 생일상을 만들라고 하면서 구체적인 방법을 일임하는 것이다. 너무 막연하면 특별히 원하는 것을 말해주고 그걸 포함시켜 달라고 주문할 수도 있다.

결정 내용이 직원들에게 직접적으로 영향을 미치는 것일수록 적절한 재량권 부여는 효과가 크다. 재량권을 주었더니 그걸 남용하는 사람들도 많이 보았다. 그렇다고 구더기 무서워서 장을 못 담가서야 되겠는가? 재량권을 주더라도 남용하지 않는 문화를 만들겠다는 각오로 경영에 임해야 한다.

일의 목적과 의미 설명

군 복무할 때 제일 싫었던 것은 그 일을 왜 하는지 이유를 모른 채 시킨 대로 하는 것이었다. 그때 결심한 것이 나중에 일을 시키는 입장이 되면, 가능하면 이 일을 왜 하는 것인지 반드시 이유를 설명해주리라 결심했다. 지금도 누군가 "시키면 시키는 대로 해"라는 말을 하는 것을 보면 피가 역류하는 느낌이다. 이런 사람들이 나중에는 반드시 "너는 왜 생각 없이 일하느냐"고 직원들을 다그치더라.

자기가 하는 일이 전체에서 어느 부분이고 그 공헌하는 바가 무엇인지 아는 것만으로도 잘하고 싶은 마음이 든다고 학자들은 말한다. 그리고 일을 맡기면서 무엇을 기대하고 있는지를 정확하게 알려주면 좋다. 나 역시 이것을 썩 잘하지는 못한 편이었는데, 직원들에게 무엇을 기대하고 있는지 나 자신조차 명확하지 않아서 그랬던 듯싶다. 그러고 보니 나의 피드백이 그럴듯하기는 했으나 큰 영향력이 없었던 것도 기대가 불분명했기 때문일 것이다. 시간이 지나 더 반성하게 되는 부분이다.

도전적 과제 부여

사람들이 편한 것만 찾을 것 같아도 꼭 그런 것은 아니다. 나는 셋째 아이에게 부담을 덜 주겠다는 의도로 "너무 힘들게 공부할 것 없다"고 했다. 그랬더니 나중에 자기에 대한 기대가 없는 게 아닌가

하고 대단히 섭섭했었다며 당시의 심정을 토로했다. 쉬운 일만 맡기는 것은 특별히 기대하지 않는다는 신호로 비쳐질 수도 있다.

나는 특별히 실력을 믿거나 승진시키고 싶은 사람에게는 어려운 과제를 맡겼다. 잘 감당해내면 누구도 그 승진을 시기하지 않는다. 결과가 특별나지 않아도 어려운 과제였으므로 본인 경력에 큰 악영향은 없다. 본인 스스로도 배운 것이 많았을 것이다. 이런 마음으로 해볼 만한 도전적 과제를 맡기면 더 몰입하는 것을 여러 번 보았다.

인정

칭찬은 고래도 춤추게 한다. 그러나 속이 뻔히 들여다보이는 가식적인 말이나 칭찬은 역효과가 더 많다. 사람은 자기가 조작의 대상이 되거나, 다른 의도를 위해 이용됐다는 것을 알면 기분 좋을 수가 없다. 칭찬은 입에 발린 아부나 건성으로 하는 말이어서는 안 된다는 것이 내 생각이다.

칭찬은 직원이 기여하고 있는 바를 정확하게 평가하는 것이어야 한다. 그리고 지금은 비록 능숙하지 않더라도 앞으로 잘할 수 있는, 잠재된 가능성을 알아주는 것이 진정성 있는 칭찬이다. 나아가 평소에 자기와 함께 일하는 직원들이 '보배'라고 말하고 자기 말에 맞는 행동을 실천하는 것이 제대로 알아주는 것이라고 믿고 있다.

부담스러운, 그러나 피할 수 없는 도전

회사 대표이사로 있으면서 도전이라고 할 수 있는 일을 몇 차례 하였다. 성적표는 2승 8패 정도라고 혼자서 점수를 매기고 있다. 나에게는 승리의 기쁨보다는 패배의 아픔이 훨씬 더 크다. 다만 성공한 것의 결과가 실패에 들어간 비용보다는 훨씬 크기 때문에 괜찮은 성과를 낸 경영자로 기억되는 것 아니겠는가 미루어 짐작해 본다.

"흔히들 도전에 실패했을 때 경험을 쌓았다고 합니다. 그건 오너에게 해당되는 말입니다. 그 회사의 전문경영인에게는 해당되지 않는 경우가 대부분입니다. 그렇다고 실패가 무서워서 아무 것도 안 하고 있으면 무능하다고 쫓겨나기 십상입니다. 전문경영인은 이 둘 사이에서 살 길을 찾는 사람입니다." 어느 후배에게 내가 들려준 말이다.

실패가 경험이 되지 않을지도 모른다는 불안이 컸기 때문에 도전하는 일을 떠올리면 지금도 실패의 냄새를 코로 물씬 맡는 것 같은 기분이다.

톰 피터스는 《리틀 빅 씽》에서 실패를 빨리 그리고 가급적 많이 하는 것이 성공의 지름길이라고 설파하였다. 저자가 무슨 말을 하려는 것인지는 알겠는데, '이 사람 전문경영인으로 일해본 적이 없어서 이런 말을 너무 쉽게 하는 것 같다'고 투덜거린 적도 있다.

경영자는 현실에 안주하지 않고 도전해야 한다는 것을 잘 안다. 끊임없이 변화하는 경영의 세계에서 도전하지 않으면 현상 유지도 못 하고 도태되기 십상이다. 우물쭈물하다가는 비실비실 말라 죽어간다는 것을 알지만, 그걸 안다고 해서 현상을 변화시키는 것이 만만해지는 것은 아니다. 그렇기에 두려움을 떨쳐내고 한 걸음 내디딜 용기가 필요하다.

불굴의 의지를 지닌 것처럼 보이는 교세라의 이나모리 가즈오 회장도 무작정 내달리기만 한 것은 아니다. 메이지 시대 이후 통신사업을 독점하며 매년 수조 엔의 매출을 올리는 NTT에 대항할 회사를 만들고자 했을 때에는, 실패의 부담 때문에 그도 많이 망설였다. 가즈오 회장의 고백에 의하면 그를 마침내 도전하게 만든 것은 자신이 사업을 시작하는 동기에 사심이 없다는 것을 확신하였기 때문이라고 한다. 반년 동안의 고민 끝에 그는 도쿄라는 큰 무대에서 이름을 떨치고자 하는 과시욕 때문이 아니라, 다른 나라에 비해 너무 비싼 통신요금을 낮추지 않으면 일본 국민들 앞에서 고개를 들지 못할 것 같은 마음이 사업의 동기임을 확인한 것이다. 이 사례를 통해 나는 도전하고자 하는 일의 가치를 제대로 알고 진심으로 믿는 것이 실패의 두려움을 이겨내는 용기의 원천이라는 생각을 하게 되었다.

내게 힘이 되었던 경구 몇 개를 소개함으로써 도전을 앞두고 있는 분들께 위로와 격려를 드리고자 한다.

"실수를 했다고 실패한 것이 아니다.
실수를 고치지 않는 것이 바로 실패이다."

"실패는 삶의 일부이다.
실패를 하지 않으면 배울 수 없다.
배우지 못하면 결코 변화시킬 수 없다."

"한번 실패했다고 앞으로 계속 실패한다는 것은 아니다.
계속 시도하고 굳건히 붙잡고 나가라.
언제나 언제나 언제나 당신을 믿으라.
당신이 자신을 믿지 못하는데 누가 당신을 믿어주겠는가?"

지금껏 원활한 경영을 위해 제대로 소통하는 것의 중요함을 살펴봤다. 소통과 실행에 있어 중요한 점을 간단히 정리하면 다음과 같다.

1 병목은 병 윗부분에 있다. 경영자는 자신이 병목 현상을 일으킨다고 생각해야 한다.

2 소통의 요체는 빠른 설득이 아니라 경청이다.

3 모든 메시지는 진실에 바탕을 두어야 한다.

4 관리지표를 잘 만들고 잘 활용하는 것이 중요하다. 경영 난맥상은 잘 못 만들고 엉뚱하게 적용하는 KPI에서 비롯되는 경우가 많다.

5 직원을 영혼 있게 일하도록 하는 방법은 재량권을 부여하고, 일의 의미 와 목적을 설명해주며, 때로는 도전적인 과제도 부여하고, 제대로 평가하 고 인정해주는 것이다.

윤석금
31.8×40.9(cm) 캔버스 유화

7장

전문경영인으로
사는 길

윤석금(1945~)

윤석금 회장은 웅진그룹 창업자이다. 나는 1984년부터 2008년까지 웅진출판(웅진씽크빅)에서 편집개발본부장, 경영지원본부장, 사업본부장, 대표이사를 지내면서 윤 회장이 경영하는 모습을 가까이에서 지켜볼 수 있었다. 내가 본 윤 회장은 혼魂, 창創, 통通 중에서 특히 '창創'에 뛰어난 경영자였다. 그는 생각하는 방법이 보통 사람들과 달랐다. 한마디로 '역발상의 달인'이라고 해도 좋을 것 같다.

초기 웅진출판은 사업은 잘 되었으나 유동성이 부족했다. 제작비와 판매수수료는 전부 현금으로 나가는데, 도서 대금은 고객에게서 할부로 받았기 때문에 매출이 많아질수록 유동성이 부족할 수밖에 없는 사업 구조였다. 그러나 당시 은행들은 답답하게도 돈 빌리려면 토지나 집 같은 담보를 가져오라고 할 뿐이었다.

어느 날 윤 회장은 이런 생각을 한다. '고객에게서 일시불을 받고 책을 할부로 주면 어떨까?' 이런 대담한 역발상을 〈웅진 IQ〉 판매에서 시도한다. 대금은 6개월 또는 1년 치를 선불로 받았고 학습지는 매달 필요한 분량만큼 고객 집으로 배달하는 비즈니스 모델을 만든 것이다. 결과는 대성공이었다. 자금 유동성 문제가 일순간 해소되었다.

역발상을 통해 문제를 창의적으로 풀어낸 사례는 이 외에도 셀 수 없이 많다. 곁에서 지켜보니 쉽게 따라 할 수 있는 경지가 아니었다. 이제는 그 격차의 이유를 알 것 같다. 나에게는 윤 회장 만큼의 사업에 대한 간절함이 없었다. 그래서 내게는 길이 안 보인 것이다.

창업경영자와
전문경영인

●

●

●

조양호 대한항공 회장은 어느 인터뷰에서 "전문경영인이란 말 대신 고용경영인이라는 말을 쓰는 게 좋겠다"고 말했다. 이 말이 어떤 의미인지 전문경영인들은 다 안다. 추측컨대 이런 것이 조 회장의 속마음이리라.

'당신들의 전문성? 그거 별 거 아니에요. 비행기 조종은 컴퓨터가 다 해주듯이 전문경영인의 전문성? 그거 대단할 것 없어요. 창업자가 고용을 해줘야 일할 곳도 있는 거 아닌가요? 그런데 뭘 잘 모르는 사람들이 기회만 있으면 오너 일가를 경영에서 배제하고 전문경영인에게 회사를 맡기자고 하는데요, 오너의 결심이 없으면 돌아가는 게 없는 것이 우리 현실입니다.'

아마도 이런 속뜻이 담겨 있지 않겠는가. 전문경영인을 머슴의 우두머리, 마름 정도로 보는 이런 언사를 듣고 있노라면 창업자의 길을 가지 않은 자신에 대해 후회의 감정을 갖는 분도 여럿 있을 것이다.

나는 왜 창업의 길을 가지 않았는가

나는 어렸을 때부터 "누구누구가 사업한답시고 친척들 빚보증 세워 알거지로 만들었다. 누구는 처갓집 재산까지 다 들어먹었다. 심지어 마누라에게 돈 빌려오라고 내쫓았다" 등등의 이야기를 많이 듣고 자랐다. 부모님은 사업할 재산이나 기술이 전혀 없으셨는데도 이런 이야기를 자주 하셨다. 이제 와서 돌이켜보니 친척 중에 ○ 서방이라는 사위가 사업한답시고 바쁘게 다니는 게 부럽거나 혹은 거슬려서 그러신 것인지도 모르겠다.

사업해서 곤경에 처한 이야기를 많이 들었던 나는 어린 마음에, 사업은 자기 잘 되자고 일가친척들을 벼랑에서 등 떠미는 짓을 서슴지 않고 할 수 있는 사람들이나 하는 일로 생각했다. 그래서 연상의 내 누이가 학교 선생님과 결혼한다고 했을 때 사업하는 사람이 아니어서 속으로 마음을 놓은 기억이 있다. 우리 집은 워낙 가난해서 저당 잡힐 재산이 터럭만큼도 없었는데도 말이다. 부모님의 바람은 내가 사업 같은 것은 거들떠도 안 보고 고시에 패스해서 검판사가 되는 것이었다. 그래서 나는 대학 입학 때까지 그 길을 갔다.

내가 보기에 창업한 사람들은 대체로 성취 욕구가 강한 것이 특징이다. 그래서 무언가를 이룩하기 위하여 위험을 무릅쓰고 창업의 길을 가는 것이리라. 간혹 어떤 사람들은 자기가 하는 일 외에는 다른 선택의 기회가 별로 없어서 창업을 하는 경우도 있는 것 같다. 거친 논리로 말하자면 창업자는 자신이 하고 싶은 일에 강하게 매몰되어 다른 것이 눈에 들어오지 않거나 아니면 지금 하는 일 외에는 할 줄 아는 게 별로 없어서 사업을 개척하는 길로 가는 것이다.

창업자에 비해서 전문경영인이 된 사람들은 이것저것 할 줄 아는 게 너무 많다는 것이 내 생각이다. 대개 영민한 편이어서 모든 일을 웬만큼 잘 해낸다. 그러다 보니 리스크가 큰 모험의 길보다 쉽고 안전해 보이는 길을 택하는 경향이 있다. 할 줄 아는 게 많은데 굳이 큰 위험을 부담하면서까지 어떤 일에 집착하지 않으려 하는 것은 어찌 생각해보면 당연한 것이다. 그런데 이런 사람들의 문제는 이것저것 잘 아는 것 같은데 자세히 들여다보면 깊게, 제대로 아는 것은 별로 없다는 점이다. 확실히 마음이 꽂힌 것이 없어서 그렇다고 생각한다. 그래서 더더욱 창업을 망설이게 되는 게 아닌가 싶다.

창업한다고 다 성공하는 것은 아니다. 실패하는 사람이 더 많은 것이 현실이다. 성공한 사람들은 어찌 보면 성공할 때까지 참고 견딘 사람이다. 그 참을성을 좋게 말해서 '성취 욕구가 강하다' 라고 평한다. 전문경영인의 길을 가는 사람은 그렇게 참는 과정이 너무 힘들고 그 책임을 자기가 다 져야 하는 것이 부담스럽다. 그래서 제한된 범위의 책임을 지고 그 안에서 작은 것을 누리는 길, 전문경영인이 되는 길을 선택하는 것이리라. 이것이 내가 창업의 길을 가지 않은 것에 대한 나름대로의 분석이다.

창업자와 전문경영인의 판단 차이

일본의 대표적 기업인 소프트뱅크의 손정의 회장이 자기의 경영 철학을 한자 25글자로 정리했다. 그중에서 사업을 하는 방법론을 '정정략칠투頂情略七鬪'라는 다섯 글자로 말하고 있다.

> 높은 산꼭대기에서 전체를 내려다보는 시각을 가지고(頂),
> 사업에 대한 정보를 최대한 수집해서(情),
> 그것의 에센스를 한 장의 종이 위에 간추린 다음(略),
> 칠 할의 승산이 있다고 판단되면(七),
> 목숨을 걸고 덤벼든다(鬪)는 것이다.

그런데 하필 왜 7할의 승산인가? 손정의 씨가 판단하기에 9할의 승산이면 남들도 다 뛰어들기에 성공해도 먹을 것이 없고, 5할의 승산은 너무 리스크가 크다고 보기 때문이다.

춘추전국 시대의 대병법가 손자는 전쟁을 어떻게 보았는가? 그는 7할의 승산을 이야기하지 않는다. 전쟁은 계산해서 이기는 것이 확실할 때 도모해야 한다고 한다. 그리고 최선은 싸우지 않고 이기는 것이다. 이를 위해 상대를 알고 나를 알 것을 주문한다(知彼知己). 그러면 백 번을 싸워도 위태롭지는 않게 된다(百戰不殆). 손자의 전쟁 철학은 한마디로 싸워서 이기라는 것이 아니고 위태로운 싸움을 해서는 안 된다는 것이다.

손정의 씨는 창업자의 시각을 손자는 전문경영인의 시각을 대변하고 있다. '남들이 다 먹기 전에 내 몫을 확보한다'가 창업자의 시각이고, '지는 싸움은 안 한다'가 전문경영인의 시각이다. 전문경영인은 창업자의 허락하에서 7할 승부를 하는 것이지 자기 욕심과 판단대로 하는 것이 아니다. 스스로 7할의 승부를 하고 싶으면 창업자의 길을 가야 한다. 그럴 형편이 아니면 스스로 판단해서 7할 승부를 해도 좋다는 주주를 만나야 한다.

그리고 창업자에게는 도전의 실패가 경험이지만 전문경영인에게는 도전의 실패가 대부분 퇴출을 의미한다는 것은 새삼 길게 말할 필요가 없다. 그렇다고 도전을 꺼리는 속내를 그대로 보여주는 것도 미련한 짓이라는 것을 잘 아실 것이다.

늑대는 집개의 밥그릇이 부럽고 집개는 늑대의 자유가 부럽다.

자유를 선택하면 배고픔이, 밥그릇을 선택하면 자유가 위협을 받는다. 전문경영인은 어찌 보면 배고픔의 무서움 때문에 자유의 일부를 내놓는 선택을 한 사람이다. 이 선택을 비난해서는 곤란하다. 충분히 훌륭한 선택이다. 다만 이런 말을 하는 것은 전문경영인은 자유가 없는 것에 대한 불평을 입에 달고 살아서는 안 된다는 것을 강조하고 싶어서 그런 것이다. 자기 선택에 따른 근본적 제약을 인정하고 그 안에서 최대한 자유로운 길을 찾는 것이 현명하다. 아니면 굶는 위험을 감수하고 창업의 길을 가는 게 마땅하다.

이런 점을 염두에 두고 자기를 전문경영인으로 써준 회장님과의 적절한 관계를 모색하는 것이 지혜로운 일이다.

회장님의
3심

●

●

●

    세간에 회장님의 삼심三心 즉, 세 가지 마음을 소재로 한 농담 반 진담반의 이야기가 있다. '회장님은 욕심이 많다, 회장님은 의심이 많다, 그리고 회장님은 변심한다'가 그것이다. 술자리에서 이런 이야기를 나누며 임원들은 씁쓸하게 웃는다. 속으로 공감한다는 것이다.

    회장님은 욕심이 많다.

    그 욕심이 끝을 모른다. 한 해 동안 죽어라고 일해서 목표 실적을 간신히 맞추었는데, 다시 하라고 해도 못할 만큼 진액을 뽑아냈는데, 새해에 부과되는 목표는 '억' 소리가 나올 만큼 높다. 이대로 달려가면 탈이 나니까 조정이 필요하다는 건의라도 할라치면 '소심하다, 부정적이다'라는 회장님 말이 듣기도 전에 귓가에 맴

돈다. 그러니 회장님이 욕심의 화신으로 보일 수밖에 없다는 하소연이 나오는 것이다.

회장님은 의심이 많다.

"의심스러운 사람은 쓰지 말고 썼으면 의심하지 말라"는 말이 있다. 일을 하라고 맡겨놓고서 이것저것 체크하는 것이 전문경영인을 못 믿는 것 같아 찝찝한 마음을 떨쳐버릴 수가 없다. 많은 임원들이 말하는 고충이다.

회장님은 변덕이 심하다.

특히 잘되면 무엇을 해주겠노라고 자기 입으로 말하고서는 막상 일이 성취되면 언제 그랬냐는 듯이 입을 씻는 경우가 한두 번이 아니라는 푸념도 들린다. 듣는 사람들이 자기도 유사한 경험이 있으니까 대부분 쓴웃음을 지으며 수긍한다.

회장님의 3심心에 대한 변명

그런데 전문경영인으로 성공하려는 욕심이 있는 사람이라면 이런 이야기를 듣고 웃어넘기는 것으로 그쳐서는 곤란하다. 회장님이 왜 그러는지 제대로 이해를 해야만 한다. 전문경영인의 1차 고객이 누구인가? 회장님이다. 고객을 이해하지 못한 기업이 성공하기 어렵듯이 전문경영인과 회장님의 관계도 마찬가지다. 자신도 잘 모르는 회장의 마음을 이해하는 것은 전문경영인으로 성공하는 아주 기초적인 자질이다.

회장님 욕심의 뿌리는 불안이다. 어찌어찌 사업을 일구었는데 그 미래가 불확실하다. 예상하지 못한 리스크에 기업이 일순간에 몰락할 수도 있다는 불안이 마음 깊숙한 곳에 자리 잡고 있다. 평소에는 일에 묻혀 불안감을 느끼지 못하지만 혼자 있는 시간이면 스멀스멀 불안감이 피어오른다.

2세 경영자 역시 마음이 편하지 않기는 마찬가지다. 아버지보다 못하다는 이야기를 들을까 봐 겁이 난다. 자기가 못나서 아버지가 어렵게 일군 회사 말아먹었다는 소리는 정말로 듣고 싶지 않다.

자전거가 넘어지지 않는 길은 오로지 달리는 것뿐이다. 멈추면 쓰러진다. 그래서 외치는 것이다. '페달을 밟아! 속도가 늦춰지면 죽는 거야!' 바로 이것이 회장님 욕심의 실체다.

회장님들이 원래부터 의심쟁이는 아니었다. 사람을 믿고 싶었고 실제로 믿었다. 그런데 결과는 어떠한가? 종종 뒤통수를 맞았다. 그것도 눈이 튀어나올 만큼.

회장님이 지금까지 나의 뒤통수를 친 자들이 누구인가 되짚어보니 바로 믿었던 사람들이다. 영업 조직과 기술자를 빼내서 경쟁사를 차린 사람도 회장님이 아꼈던 사람이고, 회사의 조그만 약점을 쥐고서 공개하겠다고 위협하는 저 사람도 회장님이 믿었던 사람이다.

믿었기에 회사의 치부까지 의논했던 것이 아닌가? 하지만 믿는 도끼에 발등을 찍혔다. 그러니 한눈 잘못 팔면 또 뒤통수를 맞게 된다. 안 봐도 비디오다. 이게 회장님이 품는 의심의 뿌리다.

문제의 근원이 이와 같다는 것을 안다면 회장님의 의심을 그냥 술 안주거리로만 삼아서는 안 된다. 의심의 기저에 자리한 문제를 제대로 이해하고 거기에 맞는 대응 자세를 찾아야 한다.

회장님의 변심은 성취에 대해 누가 얼마만큼 기여했는가에 대한 평가의 차이에서 비롯된다. 임원들은 전략을 자기가 입안했고 실행도 직접 했기에 자신의 공이 크다고 생각하지만 회장님 생각은 다르다.

그 시도가 실패했을 때 누가 돈으로 뒷감당을 하는가? 임원이 실패한 프로젝트에 매몰된 돈을 물어낸 적이 한번이라도 있었던가? 없다. 회장님은 오로지 자신이 돈으로 책임을 진다고 생각한다. 이게 팩트라면 회장님이 자기 공을 가장 크게 생각한다는 게 전혀 이상할 것이 없다.

이러한 사고방식의 차이를 극명하게 보여준 사례가 있다. 임원들을 머슴이라고 하며 그들이 뭘 알겠느냐고 비하했던 정태수 전 한보그룹 회장이다. 그는 이 말 때문에 많은 이들로부터 비난을 받았다. 정태수 전 회장 말이 옳다거나 맞는다고 말하려는 것이 절대 아니다. 하지만 그가 왜 그런 말을 했는지 이해하는 것이 전문경영인에게 중요한 공부 재료가 된다.

정태수 씨는 한보그룹의 경쟁력을 '로비력'이라고 규정했다. 그리고 정 회장 자신이 그 로비의 정점에 있었다. 임원들은 관계자를 접대하며 회장 대신 리베이트 심부름을 하는 사람이라고 보았다. 그러니 '임원은 머슴'이라는 속내가 툭 튀어나온 것이다.

회장님이 변심한 것이 아니고 업적의 공과에 대한 평가가 서로 다른 것임을 깨닫게 되면 불필요한 감정적 에너지 소모를 피할 수 있다.

회장님 3심心 대처법

현명한 전문경영인이라면 고객인 회장님을 이해했으니 고객을 만족시키려는 노력을 하는 게 마땅하다. 회장님의 욕심이 보이면 무조건 고개를 저을 게 아니라 회장님의 불안을 먼저 이해하자. 회사의 생존을 위한 길이 무엇일까 회장과 함께 진지하게 고민하자. 그래야 성장 속도 조절을 이야기해도 부정적이거나 무능한 사람으로 억울하게 낙인 찍히지 않는다.

한 걸음 더 나가서 회장님의 욕심을 승화시킬 방법을 생각해야 한다. 욕심쟁이 회장님 밑에서 일하는 자신의 모습이 마음에 드는가? 아니라면 회장님이 돈 욕심 때문에 성장을 부르짖는 것이 아님을 자신과 주변, 그리고 회장님께도 말해주어야 한다. 그렇게 말하면 인식의 방향도 따라서 전환된다.

회장님이 사리사욕 때문이 아니라 '성장을 해야만 고생한 직원들 승진도 시키고 급여도 올려주고 또 새로 사람도 채용할 것이 아닌가?' 하는 마음이 크기 때문에 욕심을 내는 것이라고 말하라. 그러면 정말 그런 마음을 먹게 될 것이다. 그리고 무엇보다 전문경영인 스스로가 그 길을 찾기 위해 애쓰고 있노라고 진심으로 말할 수 있어야 한다.

회장님의 의심을 피하는 현명한 대처법은 무엇일까? 간단하다. 진정성을 갖고 일하면서 회장님을 궁금하게 만들지 않으면 된다. 우선은 회장님의 말씀에 빠르게 반응하는 것이다. 신속 대응, 즉 quick response는 회장님이 말한 걸 당장 가시적 결과로 달성해야 한다는 의미가 아니다. 빠르게 착수하라는 것이다.

착수보고를 마친 뒤 중간보고를 게을리하지 말아야 한다. 회장님을 궁금하게 만들어서는 안 된다. 이렇게 기본적 신뢰를 쌓고 난 다음 일을 추진하는 과정에서 느끼는 어려움을 숨기지 말고 말해야 한다. 푸념하거나 자백하라는 게 아니다. 회장님에게 질문하라는 것이다. 그 방법은 〈공주님 달 따오기〉라는 동화에서 참고의 힌트를 얻을 수 있다.

옛날 어느 나라 공주가 병에 걸렸다. 공주는 소원으로 달을 갖고 싶다고 하였다. 궁 안이 난리가 났다. 여러 사람들이 모여서 의논했지만 결론은 달을 따올 수 없다는 것. 그때 광대가 나타나서 문제를 해결한다. 광대는 공주에게 달의 크기를 물었다. 손톱 만하단다. 무엇으로 만들어졌을까? 공주는 그것도 모르느냐면서 금이라고 말해준다. 금으로 만든 달 모양의 목걸이를 만들어서 공주께 바쳤다. 아직 해피엔딩이 아니다.

다음날 저녁 다시 달이 떠오르기 때문이다.

'어떻게 하지? 궁전에 커튼을 칠까? 아니면 밤새 불꽃놀이를 해서 공주가 달을 못 보게 해?'

어느 방법도 탐탁하지 않다. 다시 광대가 나섰다. 공주에게 묻는다.

"공주님, 희한하죠. 달을 따다 드렸는데 왜 또 달이 나오나요?"

"바보, 그것도 몰라? 이빨 빠지면 새로 이빨이 나오잖아."

일하다가 걱정거리가 생기면 감추면서 우물쭈물 해결하려 하지 말고 회장님께 물어보시라. 문제가 생겼을 때 혼자 끙끙대며 숨기면 의도치 않게 회장님 뒤통수를 치는 결과를 불러올 수도 있다. 솔직한 것만이 이런 불상사를 피하는 길이다.

회장님의 변심에 대한 대책은 없다. 회장님 자신은 변심했다고 생각하지 않기 때문이다. 일반적으로 임원들이 생각하는 것보다 회장님은 공적 인정에 있어서 짠 편이다. 사람이 쫀쫀해서 그렇다고 생각한다면 여러분은 아직 멀었다.

자신이 한 일을 틈틈이 회장께 알리시라. 조심할 것은 생색내는 것 같은 인상을 주지 말아야 한다는 점이다. 괜히 역효과를 낼 바에는 차라리 가만히 있는 게 낫다.

약간은 장황하게 회장님의 3심에 대해 말했다. 전문경영인은 회장님을 고객으로 삼아 사업을 영위하는 1인 기업이라고 할 수 있다. 어느 장사꾼이 고객을 흉보면서 장사를 하는가? 그런 장사꾼은 없다. 욕심이 많아도 내 고객, 의심이 많고 깐깐해도 내 고객, 단골 많이 소개해준다고 하고서는 잊어버려도 내 고객이다. 전문경영인은 회장님의 3심을 그야말로 우스갯소리로 듣고 그쳐야지 그걸 진지하게 고민해서 회장님을 미워하는 눈으로 보는 것은 난센스다. 정말 그렇게 보고 있다면 차라리 창업해서 여러분이 회장님이 되는 길을 가라고 말씀드리고 싶다.

그렇다. 전문경영인은 회장님을 고객 삼아 회장님과 함께 일하는 사람이다. 날마다 자기와 함께 일하는 사람이 싫으면 그곳은 지옥이다. 회장님의 3심을 자기 나름대로 소화하고 합리화하고 회장님 대신 진심으로 옹호해줄 수 있어야 진짜 전문인이다. 그러지 못 하면 마음의 상처 때문에 시들어 죽는다. 고객 흉이나 보면서 박장대소하면 아무리 그럴듯하게 포장해도 그건 아마추어의 행동이다. 전문경영인은 프로여야 한다.

회장님의
역린

●

●

●

　역린逆鱗이란 말은 《한비자》 〈세난편說難篇〉에 나오는 말이다. 중
국 춘추 전국 시대에는 수많은 유세객들이 활동을 하였다. 요즘
으로 말하자면 정치 컨설턴트고, 기업으로 치자면 경영 컨설턴트
에 해당하는 사람이다.

　유세객들은 왕 앞에서 부국강병의 길을 설파하였는데, 그들의 주
장이 그럴듯하면 왕은 그들을 등용하여 나라 살림을 맡겼다. 오늘
날로 말하자면 마음에 드는 경영 컨설턴트를 발탁해서 임원을 시
키거나 대표이사 일을 맡기는 것과 비슷하다. 그런데 왕이 신임하
여 나랏일을 맡겼다 해도 유세객은 조심할 것이 있다. 역린을 건드
리면 안 된다는 것이다.

　대저 용龍이라는 짐승은 길을 들이면 데리고 놀면서 등에 올라

탈 수도 있다. 그러나 그 목 아래 한 척쯤 되는 비늘이 거꾸로 돋아 있어서, 만약 사람이 이를 건드리면 반드시 그를 죽인다. 사람의 군주 또한 거꾸로 돋친 비늘이 있으니, 유세하는 선비가 군주의 거꾸로 돋친 비늘을 건드리지 않을 수 있다면, 잘하는 유세에 가까울 것이다.

회장님의 역린은 무엇일까

군주의 역린을 건드린다는 것은 구체적으로 무엇일까? 내 생각에 그것은 '임금이 나라의 주인이라는 것을 잊는 것'이다. 어떠한 이유에서든지 신하가 나라의 주인 행세를 하는 것은 용의 역린을 건드리는 일이다. 이에 관대한 군주는 결코 없다.

군주들 가운데는 신하에 대한 시기심이 지나친 사람이 드물지 않게 있다. 선조만 해도 그렇다. 관련된 책을 읽다 보면, 특히 이순신 장군이 백의종군하는 장면을 보노라면, 선조가 이순신 장군에게 시기심을 가졌다고 확신하게 된다.

고생은 같이 나눠도 부귀영화는 같이 나누기 어려운 것이 세상 이치다. 중국 월나라 왕 구천을 도와 오나라를 무너뜨리는 데 혁혁한 공을 세운 범려가 떠나면서 동료였던 문종에게 남긴 말은 여러 가지를 생각하게 만든다. 범려는 구천의 인물됨을 평하면서 "환난을 함께할 수 있으나 즐거움을 함께 하기는 어렵다(可與共患難, 難與同安樂)"라고 한다. 토사구팽을 당할 수 있으니 문종도 떠나는 게 좋지 않겠느냐고 권하는 장면은 서글픔조차 느끼게 된다.

어떤 분은 범려에게 이렇게 물을 수도 있겠다.

"범려, 그대가 그렇게 사람을 잘 본다면 왜 욕심 많은 구천을 위해 충성을 바쳤는가?"

범려가 살아 있다면 이렇게 답할 것 같다.

"구천이 어렵고 죽을 위기에 처했을 때는 욕심이 드러나지 않았소. 그래서 제대로 알 수 없었던 거외다. 오나라를 멸망시키고 천하의 패자가 되었을 때 비로소 숨겨져 있던 욕심이 드러났소. 그래서 살기 위해 좋은 자리 준다는 것도 뿌리치고 떠나는 것이오."

이순신 장군께는 이렇게 묻고 싶은 사람도 있을지 모르겠다.

"나라를 위해 목숨 걸고 싸우고 있는데 임금이 장군님을 시기합니다. 지원도 제대로 못 받는 싸움, 놓고 싶지 않으셨습니까?"

"억울했지요. 그렇다고 억울한 것 때문에 내가 싸움의 끈을 놓아버리고 '될 대로 돼라' 자포자기하면 나를 믿고 있는 병사들은 어떻게 됩니까? 왜적에게 시달리는 이 백성들은 또 어찌 됩니까? 그러니 참고 싸울 수밖에 다른 도리가 없지 않습니까? 임금을 위해서 싸운 것이 아니고 내 병사와 그 가족들, 그리고 고생하는 백성들을 위해서 싸운 것입니다."

주인의식, 좋은 말이다. 그런데 이 말은 일할 때 주인처럼 일하라는 것이지, 결과물을 주인처럼 누리라는 것이 아니다. 오늘날도 주인들의 역린은 '이 회사(권력)는 내 것이야'이다. 전문경영인(대리인)이 뭣도 모르고 주인 행세를 하면, 그것은 역린을 건드린 것이다. 주인은 이렇게 생각하면서 쫓아낼 것이다.

'건방지게 주인 행세하고 있어. 자기 분수를 모르고 있잖아.'

이렇게 항변하실 것이다.

'내가? 주인 행세를 했다고? 언제?'

회사 돈으로 생색내는 게 주인 노릇하는 것이다. 직원들을 위해 썼다고 할지라도 회장님의 이름보다 자기 이름을 드러내면 그게 주인 노릇이다.

이렇게 말하는 경우는 어떤가?

"회장님은 좋은 말씀만 하십시오. 악역은 제가 담당하겠습니다."

견마지로犬馬之勞를 다하는 말 같지만 이것도 내 보기엔 변형된 주인 노릇이다. 좋은 말씀을 하는 사람이 무서운가 아니면 악역을 담당한 사람이 무서운가? 악역이 무섭다. 그래서 무서운 사람은 본인 의도와 상관없이 주인 노릇하는 것으로 비쳐지기 쉽다.

이런 이야기는 주인을 비난하자는 의도로 하는 말이 아니다. 주인 행세를 한 머슴을 비난하자는 것은 더욱 아니다. 딜레마는 주인이 아니라는 것을 아는데 주인처럼 일하는 것도 우습고, 그렇다고 머슴처럼 일하는 것도 해결책이 아니라는 데 있다. 시키는 일만 욕먹지 않을 만큼 하면 제대로 사는 것인가? 그럴 수는 없다. 그렇게 살면 자기 인생이 불쌍하고 허무하지 않은가? 주인이 아니라고 해서 손해 보지 않으려고 머슴처럼 산다는 건 썩 내키지 않는 삶의 모습이다.

회사 주인 되려 말고 자기 인생 주인 돼라

그러면 어떻게 살아야 할까?

'회사 주인 되려 말고 자기 인생 주인 돼라'고 말해주고 싶다.

제2차 세계대전 당시 나치의 아우슈비츠 수용소에서 살아남은 빅터 프랭클은 그때의 경험과 깨달음을《죽음의 수용소에서》라는 책으로 남겼다.

나치는 유대인들에게 모욕을 가했다. 그들이 모욕을 받아 자포자기 상태가 되면 그만큼 통제하기 쉬워서 그랬을 것이다. 빅터 프랭클 박사는 독일 병사가 모욕을 가하기 때문에 유대인이 수치스러운 존재가 되는 것이 아니고, 자신이 그것을 받아들일 때 그런 존재로 전락한다는 것을 깨달았다. 그래서 이렇게 말했다.

"마지막 남은 인간의 자유, 주어진 환경에서 자신의 태도를 결정하고, 자기 자신의 길을 선택할 수 있는 자유만은 빼앗아갈 수 없다."

2300년 전에 맹자님이 "사람은 반드시 그 자신을 스스로 업신여긴 뒤에 남들이 업신여긴다(人必自侮, 然後人侮之)"라고 하신 말씀과 맥이 통하는 이야기다.

빅터 프랭클 박사는 나중에 이 경험을 일반화하면서 사람에게 자극이 주어질 때 그 자극에 즉각적으로 반응하지 말라고 조언한다. 자극이 들어오면 생각하고 선택해서 반응하라는 것이다. 표면적으로는 똑같은 반응이라도 내가 선택한 반응은 내가 주인인 것이고 생각 없이 즉각적으로 반응한 것은 내가 자극에 종속된 것이다.

"자극과 반응 사이에 공간이 있다.

그 공간에서 우리는 반응을 선택할 능력이 있다.

그 반응에 우리의 자유와 성장이 달려 있다."

상황이 우리를 어떤 존재로 규정하는 것이 아니다. 나의 존재를 규정하는 것은 상황이란 자극에 대한 나의 반응이다. 나 자신이 어떤 존재인지는 내가 결정할 수 있다. 그렇다면 전문경영인에게는 자신이 회사의 주인이라는 허위의식을 벗어나고, 또 머슴이라는 자조석인 탄식을 벗어나는 길이 있다. 그것이 자기 인생의 주인이 되는 길이며, 그 길은 마음먹기에 달려 있다.

주인으로
사는 길

•

•

•

어떤 길을 선택하느냐에 따라 인생이 달라지기에, 전문경영인의 길을 가는 후배님들께 권하고 싶은 것이 있다. 그것은 자신을 1인 서비스 기업으로 생각하고 사시라는 것이다.

1인 서비스 기업

나는 KJH(자기 이름 이니셜) 기업이다.
이 기업의 주인은 나다.
나는 ○○ 분야에서 최고 전문가다.
나는 내가 받는 것 이상으로 고객에게 기여한다.

나의 서비스를 선택한 사람은 만족해서 나와 계속 일하기를 원할 것이다. 이런 자세로 산다면 누군가의 역린을 건드릴까 염려하지 않아도 된다. 또한 가짜 주인 의식을 갖고 정체성의 혼란을 겪지 않아도 된다.

데미 무어가 주연한 〈G.I. 제인〉이라는 영화에서 네이비 실 훈련을 담당한 교관이 훈련생을 다그치면서 한 말이 인상 깊었다.

"나는 스스로를 동정하는 야생 동물을 본 적이 없다. 작은 새조차도 자신을 동정하지 않고 다만 나무 가지에서 떨어져 얼어 죽을 뿐이다."

영화 속 교관의 이 말은 D. H. 로렌스의 〈자기 연민〉이라는 시의 내용이다.

Self-Pity

I never saw a wild thing sorry for itself.
A small bird will drop frozen dead from a bough
without ever having felt sorry for itself.

_D. H. Lawrence

1인 기업의 주인으로서 당당하게 세상을 살면 된다.

추위가 몰려와도 그냥 견뎌낼 뿐이다. 새가 춥다고 추위를 원망하는가? 자신을 동정하는가?

아니다. 견디다 못 견디면 그냥 얼어 죽겠다는 각오로 살 따름이다.

전문경영인은 경영에 전문성을 갖고 있는 사람이다. 그 전문성의 주체로서 최선을 다하면 된다. 그리고 때가 되면 그 자리를 떠날 뿐이다.

이제 다음 질문에 답하면서 이 책의 내용을 정리해보자.

1 누군가가 당신을 전문경영인으로 쓰고자 한다면 그 사람은 여러분의 어떤 장점을 보고 그런 결정을 내린 것일까요?

2 '당신이 1인 기업이다'라고 할 때 당신 회사의 생존부등식은 성립합니까?

3 당신의 브랜드는 고객에게 어떻게 인식되고 있나요? 당신은 무엇을 약속하고 고객은 당신에게 무엇을 기대하고 있습니까? 그 교집합은 무엇입니까?

4 당신의 경쟁 전략은 무엇인가요? 쉽게 말해서 원가우위 전략입니까, 차별화 전략입니까? 정말로 경쟁우위가 있습니까?

5 당신의 경영 활동을 적극적으로 돕는 사람들이 있습니까? 그 사람들에게 당신은 무엇을 약속하고 있나요?

이 질문들은 여러분이 지금 일하고 있는 회사에 대한 질문이 아니다. 회장님을 고객이라고 보았을 때 여러분 자신이 주인인 1인 기업의 경쟁력을 살펴보시라는 질문이다. 혹시 부족한 부분이 보이시는가? 염려하지 않아도 된다고 말하고 싶다. 부족하면 채우면 된다. 역량이 부족한 게 문제가 아니고 부족한 줄도 모르는 것, 알면서도 채우지 않는 것이 진짜 문제다.

왜, 전문경영인으로 살고자 하는가

이 책을 준비하는 동안 동학들과 《논어論語》를 공부했다. 나는 《논어》 속에서 전문경영인으로서의 공자님의 모습을 발견하고 기뻤다. 공자님은 자신이 깨달은 도리가 세상을 편안하게 하는 데 쓰이기를 원하셨다. 그래서 제자들에게 배움의 목적을 '수기안인修己安人, 자기를 닦아서 사람들을 편안하게 하는 것'이라고 가르치셨다. 제자 자공이 넌지시 공자님의 속마음을 떠보았다.

"여기 아름다운 옥이 있다고 하면, 선생님은 그것을 궤에 고이 감추어두시겠습니까, 아니면 제값 쳐주는 상인을 만나 파시겠습니까?"

공자님이 말씀하신다.

"팔겠다. 팔고말고! 나는 상인을 기다리는 사람이다(我待賈者也)."

이 얼마나 쓰이기를 바라시는 마음의 표현인가? 그러나 세상은 공자를 제대로 알아보지 못했다. 공자 자신이 '집 잃어버린 개' 같은 신세라고 탄식할 정도로 푸대접을 받았다. 어쩌면 공자의 그릇이 너무 커서 세상이 그를 포용할 수 없었는지도 모르겠다. 그런 세월이 지나고 난 다음 공자는 이렇게 결론을 내렸다. 《논어》 첫머리 내용이다.

"남들이 알아주지 않아도 성나지 아니하니 군자답지 아니한가(人不知而不慍, 不亦君子乎)?"

누가 알아준다고 기뻐하고 몰라준다고 서운해할 것 없다는 공자님 말씀이다. 진정한 자유는 남의 손에 달린 것이 아니라 자기 스스로 만드는 것이다. 전문성을 갖추었음에도 세상이 제대로 알아주지 않아 서운할 때가 있다. 그럼에도 서운해하지 말라고 오늘의 우리들에게 당부하는 말씀으로 새겼다. 세상이 내 가치를 몰라준다고 있는 가치가 없어지는 것은 아니지 않은가.

세상은 제대로 알아주지 않더라도 공자님을 알고 배우려고 찾아오는 사람들이 많이 있었다. 이를 두고 공자님은 이렇게 말씀하신다.

"벗이 먼 곳에서 찾아오니 즐겁지 아니한가(有朋自遠方來, 不亦樂乎)?"

공자님은 먼 곳에서 찾아오는 제자들을 마음의 친구로 삼으셨나 보다. 여러분이 전문경영인으로 중용되든 그렇지 아니하든 간에 마음이 통하는 친구를 잃어버리지 않길 권하시는 것이다. 혹시 일이 바쁘다는 핑계로 친구를 멀리한다면 그건 곤란하다. 그리고 진정성이 있는 후배가 보이면 그 후배가 나보다 더 잘되도록 열심히 도우시라고 권하고 싶다. 전문경영인으로 사는 기간보다는 마음에 맞는 사람들과 친구로 사는 것이 소중하고, 그 세월도 훨씬 길기 때문이다.

그러면 벗과 함께 무엇을 하는가? 배우고 익힌다. 세상을 편안하게 할 길을…. "배우고 그것을 때에 맞게 익혀나가면 기쁘지 아니한가(學而時習之, 不亦說乎)?" 이는 《논어》의 첫 문장이다.

여러분이 전문경영인으로 살고자 했을 때 어찌 그것이 생계 수단이기만 했겠는가? 직업적인 전문성을 확보하여 경영자로 출세했다는 소리를 듣고자 하는 차원도 있겠지만 많은 전문경영인이 그것에 만족하는 것은 아니라고 생각한다. 경영자로서 내가 하는 일이 회사에 도움이 되고 후배에게 도움이 되고 나라에 도움이 된다는 것을 온몸으로 확인하고 싶은 것이 전문경영인으로서 궁극적으로 바라는 것이라고 나는 생각한다.

일을 통해 세상에 기여하고자 하는 뜨거운 자부심이 전문경영인의 가슴속에 있다. 서로 통하는 벗과 함께 그 마음을 나누면서 세상에 기여할 실력을 묵묵히 길러나가다 보면 제대로 쓰일 날이 반드시 있을 것으로 믿는다.

백석기

31.8×40.9(cm) 캔버스 유화

백석기(1936~　)

백석기 회장은 해군사관학교 교장, 웅진출판사 사장, 협성대학교 총장, 대한출판문화협회 회장을 역임하신 분이다. 내가 본부장 시절, 8년 동안 대표이사로 모시면서 전문경영인의 자세에 대해서 많은 것을 배웠다.

백석기 회장은 여러 후배들에게서 존경과 신뢰를 받는 분이다. 나는 원칙을 존중하는 정신과 한결같은 일관성에서 그 이유를 찾는다. 기획안을 쓸 때 형식적 미사여구의 나열로 그치기 쉬운 '기획의 목적'을 심혈을 기울여 쓰도록 후배들에게 가르치셨다. 기획의 목적이 일을 추진하는 원칙의 핵심 내용이 된다는 것을 나중에서야 깨달았다. 그리고 원칙은 한번 정해지면 사소한 이유로 흔들 수 없는 것이라는 소신이 확실하셨다.

원칙주의자라고 하면 융통성이 없을 것 같은데 그렇지 않았다. 원칙 아래서 목적을 달성하는 방법을 찾는 것에는 충분한 재량을 부여했는데, 그것을 이렇게 표현했다.
"똑같은 시간과 돈을 주고 각자에게 밥상을 차려오라고 시킨다고 치자. 맛있게 차려오든지, 경제적으로 차려오든지, 시각적으로 보기 좋게 차려오든지, 권한을 주었으니 책임자가 알아서 판단해 차려오라는 의미다. 같은 조건 아래서 잘 차려오는 부서장이 능력 있는 간부가 아니겠는가."

꽃은 떨어지면
열매를 남기고

전문경영인이라는 자리는 언젠가는 떠나야 할 자리다. 전문경영인 자리에서 물러나는 것은 비유하자면 사랑하는 회사와 사별하는 것과 마찬가지다. 회사는 그대로 있지만 내게는 없는 것과 같다.

언젠가는 내려놓아야 할 자리

모든 이별은 상실의 고통을 수반한다. 이 고통에서 벗어나려면 대상에게 주었던 정을 떼어내야 한다. 그래야 살 수 있다. 그렇지 않으면 괴로워서 못산다. 회사에 주었던 정을 떼는 것은 회사와의 이별을 기정사실로 확인하고 또 확인하는 것이다.

이는 사별한 사람을 애도하는 것과 비슷하다. 애도는 죽은 사람을 분명히 죽었다고 확인하고 되새기는 과정이다. 그리고 내키지 않더라도 떠나간 자에게 나는 더 이상 필요한 존재가 아니라는 것을 확인하는 과정이다. 그래서 애도는 고통스럽다.

마찬가지로 전문경영인 자리에서 물러나는 것은 회사와의 인연이 다했음을 인정하고 받아들이는 것이다. 과거에는 자신이 회사에 없어서는 안 될 사람이었지만 이제는 꼭 필요한 사람이 아니라는 것을 인정하는 과정이다.

고통스럽지만, 자신이 회사에 없어도 별 일이 생기지 않는다는 것을 억지로라도 되새겨야 한다. 떠나는 것이 서운하기는 하지만 그 섭섭함이 나를 끝까지 사로잡게 해서는 안 된다.

강물이 계속 강에 머물러 있는 것이 좋은 것인가? 강물은 바다로 흘러가는 것이 순리 아닌가? 꽃은 계속 꽃으로 머무를 수 없다. 그건 생명 없는 조화이다. 꽃이 떨어진 자리에 열매가 맺듯이, 강물 같은 나는 때가 되어 바다로 달려 나가면 그 빈자리를 뒷물결이 채우는 것이 마땅하다.

바다에는 내가 해야 할 역할이 있다. 나는 그 역할을 찾을 것이다. 그리고 지금까지 해온 것처럼 그 역할을 잘 해낼 것이다. 이렇게 스스로를 격려하는 게 상실의 고통을 극복하고 승화시켜 한 단계 올라갈 수 있는 길이다.

전문경영인, 그다음의 길

전문경영인으로 산 다음에는 어떻게 살아갈 것인가? 세상 이치는 간단하다. 뿌린 대로 거두는 법, 심은 만큼 거두는 법이다. 전문경영인으로 살면서 자신이 무엇을 뿌렸는가가 그 후의 삶을 결정한다. 자기를 고용해준 사람에게, 자기를 도와준 직원들에게, 그리고 자기 회사의 제품과 서비스를 구매해준 고객들에게 구체적으로 어떻게 대했는가가 전문경영인 이후의 삶을 결정한다.

공자님이 제자 증삼에게 말씀하셨다.

"나의 길은 일관一貫되었다."

"그렇습니다."

공자님이 나가시자 어린 제자들이 무슨 말씀인지 증삼에게 물었다.

"선생님의 길은 충서忠恕입니다."

진실하고 지극한 마음인 충忠 그리고 다른 사람을 배려하는 마음인 서恕, 이것이 인류의 큰 스승께서 밝혀주신 사람이 걸어갈 길이다. 예수님은 이를 '좁은 문'과 '황금률'로 말씀하셨다. 이렇게 살면 이에 상응한 열매가 맺어질 것이다.

자기 삶의 주인으로서 지극한 마음을 다하고 고객, 직원, 주주의 마음을 나를 살피듯이 헤아려 살았다면 전문경영인으로서의 여러분 삶은 오래 지속되고 복될 것이다. 뿐만 아니라 그 후의 삶도 찬란히 빛날 것임을 믿어 의심하지 않는다. 이는 이 책을 읽으면서 선량한good 전문경영인의 길을 가기로 다짐한 여러분을 위한 축복이며, 나 자신을 위한 기도이다.